JN055789

いい人財が集まる会社の採用の思考法 増補改訂版

いい人財を集めて、見抜き、つかまえ、離さない技術

(株)アタックス・セールス・アソシエイツ取締役／採用コンサルタント
酒井利昌［著］

経営学者／元法政大学大学院教授
坂本光司［監修］

フォレスト出版

増補改訂版 いい人財が集まる会社の採用の思考法◎CONTENTS

第1章 採用をなめてはいけない――採用の失敗が与える影響とは？

第2章

いい採用ができない会社の5つの理由

第3章 いい採用を実現させるために案外やっていないこと

第4章

採用戦略を5ステップで立てる

第5章　いい採用を実現させる具体的なステップ

装幀◎河南祐介（FANTAGRAPH）
本文デザイン・図版作成◎二神さやか
DTP◎株式会社キャップス

はじめに――あの会社はなぜ優秀な人財を採用できるのか？

「いろいろな求人方法を試しながら、採用活動をしてきた。それでも、なかなかうまくいかない」

◎求人数は増えているし、なかなか認知されにくい……。
◎他社との待遇面の競争にもさすがに限界がある……。
◎求職者にどうアピールしていいかわからない……。

その悩み、よくわかります。

実際、私はそのようなご相談をほぼ毎日受けているからです。

一般的に求人数は2年前と比較して倍増しています。人財獲得競争は激しさを増し、自社に入社してもらうにはどうしたらいいか、試行錯誤を続けている経営者、採用担当者の方が本当に多くいます。

今、この本をお手に取ってくださったあなたもその1人でしょう。

これから、ますます人財獲得競争は激化していきます。

このまま採用できないと、会社の成長はストップし、衰退することも想定しなければならないかもしれません。

◎採用できないために、マンパワー不足が足かせになり、思い切った戦略が実行できない。

◎採用できないために、組織が疲弊し、退職者が出てしまう。

◎事業そのものにはしっかりとした市場（マーケット）があり、ポテンシャルがあるからこそ、これからどんどん仕掛けていきたい。

それにもかかわらず、採用できないことがすべてを台無しにしている——。

もしあなたがそんな状況にあるのなら、なんとも歯がゆいことと思います。

目標を絶対達成させるコンサルタント

私は企業の現場に入り、目標を絶対達成させるコンサルタントです。

取締役を務める株式会社アタックス・セールス・アソシエイツは、「絶対達成する会社を1社でも増やす」という理念を掲げ、クライアント企業の目標を絶対達成させるために、営業コンサルティング事業を展開しています。

世の中には数多のコンサルティング会社、研修会社がありますが、他社との決定的な違いは、私たちが何よりも**「結果」にこだわっている**、ということです。目標を絶対達成させる営業コンサルティング会社と名乗っている以上、何より「結果を出す」ことをゴール（目的）に支援を行なっています。

ですから、現場指導は、社員個人の能力やスキルを向上させるだけに留まりません。

個人のみならず、外部環境の変化に左右されず、安定的に結果を出し続ける、そんな強い組織をつくり上げることを私たちはミッションとしています。

代表取締役社長の横山信弘は、『絶対達成する部下の育て方』（ダイヤモンド社）、『「空気」で人を動かす』（フォレスト出版）、『最強の経営を実現する「予材管理」のすべて』（日本実業出版社）などの著書でも有名なコンサルタントですし、「壁マネジメント」と呼ばれる独自のマネジメント手法を世に送り出し、ベストセラー『結果を出すリーダーほど動かない』（フォレスト出版）など3冊の著書を出す山北陽平も当社のコンサルタントです。

他にも非常に個性的なタレントが在籍しており、その全員が目標を絶対達成させるためにコンサルティングをしています。

そんなタレント集団に在籍する私も、年間250回以上の研修、セミナー、コンサルティング支援に従事し、これまでに営業にかかわる人だけでも累計3000人以上のビジネスパーソンに対して、現場指導や研修を行なってきました。

私の仕事は、「結果を出す」ことです。

中堅中小企業であれば社長から、一部上場企業であれば事業責任者から、「自分たちでは限界があるから、なんとかぜひお願いします」と言われ、コンサルティングに入ります。

そして、実際に結果を出してきました。支援1年目から過去最高利益を達成したり、支援開始から2年連続で前年売上額115%アップを実現したりと、目標達成はあたりまえで、それを上回る結果を出すことも珍しくありません。

目標達成できない原因を探って見えてきたもの

しかしながら、すべてのコンサルティング先ですぐに結果を出してきたかというと、決してそうではありません。結果を出せないまま、共に試行錯誤を繰り返し続けているクライアントが存在します。

結果を出せないのはなぜなのか、絶対達成コンサルタントである私は、24時間365日考え続けます。

◎部下たちの基礎力が不足しているから、別に研修を行なって鍛えよう。
◎マネジャーが部下たちに正しく指導できていないから、マネジメントルールを整えよう。
◎改めて外部環境分析を行ない、社長と営業戦略を策定しよう。

現場指導は、いつもこのように試行錯誤の繰り返しです。100％正しいプランは存在しません。プランを実行したら、確実に結果が得られるというものは世の中にありません。ですから、コンサルタント自身が現場の人たちと一緒になってPDCAサイクルを回していくのです。

多くのクライアントが正しくPDCAサイクルを回すことで結果を出していくなか、結果が出ない会社がありました。やっていることは間違いありません。それでも結果が出ないのです。

従業員数250人の専門商社――。

ある日の現場でのミーティング終了後、この会社のあるマネジャーが私を別室に呼んで、矢継ぎ早にこう言ってきました。

「うちのメンバーたちは、初めから目標を達成する気があるとは思えません」

「酒井さんの言うとおり、マネジメントしていますが、言ったことを本当にやりません」

「こちらからどうなっているのかと聞かない限り、報告も連絡も相談もしてきません」

「管理システムへの予材状態の入力すらもやったりやらなかったり、です」

「うちの人事に言ってやりたいですよ。何やっているんだよって。即戦力をちゃんと採用しろよって」

このような発言をするマネジャーに対して、いつもは「自責と捉えなければダメだ」と一喝する私も、このときばかりはその言葉が出てきませんでした。

「原石を磨けば、いつかダイヤモンドになる」

どこかで私はそう思っていました。

新入社員からマネジャー、経営幹部まで3000人以上のビジネスパーソンの指導に携わってきましたが、「育成により、人は変えられる」と信じて、これまでやってきました。

しかし、同時にいくら鍛えても結果を出せない人材がいる事実にも何度か直面してきました。

そして、このとき悟ったのです。

どんなに磨いても、石ころは石ころだ。ダイヤモンドにはならない——。

すぐに私は、社長に電話をしてこう言いました。

「人財採用をもっとちゃんとやらなきゃダメです」と。

社内の空気が変わった要因

それから私は、前職時代に知得していた採用ノウハウを、当社の絶対達成コンサルティングと融合させ、この会社で徹底的に実践しました。

その結果、この会社はどうなったか。

売上は1・7倍になりました。**業績を上げた要因は、「社内の空気の変化」**です。

1~2人しか入社がなかった大卒人財が、今では毎年安定的に10人採用できるようになり、その過程で組織風土が劇的に改善され、30%を超えていた離職率が1%以下となりました（3年間で離職した人数はたった2人のみ）。

今では、社員たちはお互いを支え合い、全員でどんなに高い組織目標でも達成しようという活気に満ちあふれています。

この経験を通じて、私は次のようなことを実感しました。

◎経営目標を達成させるには、採用が本当に大事である。
◎育成には限界がある。
◎素材の目利き力こそが経営力である。
◎採用を間違えたら、「爆弾」を背負うようなものである。
◎採用ミスによる組織へのダメージは計り知れない。

◎付加価値を生み出す「いい人財」を採用しないと意味がない。

それからというもの、私は営業コンサルティングの傍ら、採用コンサルティング事業を開始し、クライアント企業の単年目標を絶対達成させるのはもちろん、外部環境の変化に左右されず、安定的に結果を出し続ける強い組織をつくり上げるご支援を日々行なっています。

採用がうまくいっていない会社の共通点

採用がうまくいっていない会社には、ある共通点があります。

それは、

「採用活動を一所懸命にやっていない」

ということ。

「ふざけんじゃない、やっているよ！」と、もし気分を害されたとしたら、申し訳ありません。

ただ、私がこれまで膨大な数の会社を見てきて、採用がうまくいっている会社に共通しているのは、まさに「一所懸命やっている」ことなのです。

「一所懸命」という言葉は、鎌倉時代の頃の武士たちが先祖代々伝わっている土地など（所領）を命懸けで守ったことに由来しています。

まさに「命懸け」で採用に取り組む。

人は、これを実践している会社に惹かれ、事実、優秀な人財ほど、そういった会社に集まっています。

採用市場における、偽らざる事実

ここで、ズバリお伝えしたいことがあります。

採用は、競争であり、勝ち負けである——。

これは隠したくても隠せない、明白な事実です。

大手求人会社が公表しているデータがあります。

▼doda転職求人倍率・求人数・転職希望者数

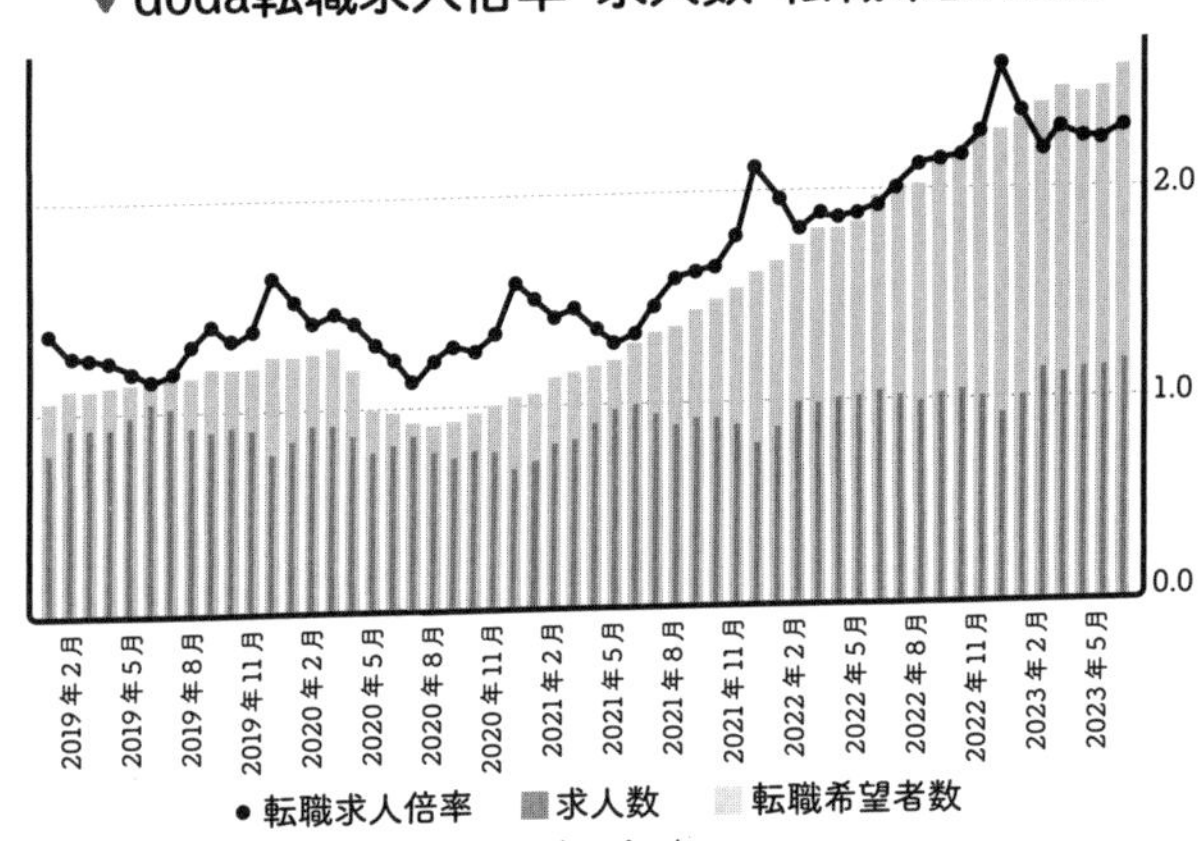

◆出典：パーソルキャリア「転職求人倍率レポート」（https://doda.jp/guide/kyujin_bairitsu/）を基に作成。

◆転職求人数は、２０１９年と比較して約2倍に増加している。

◆求人倍率は２・26倍で、現基準での集計を開始した２０１９年1月以降で最高。

◆２０２２年度下半期の中途採用にて、「確保できなかった」と回答した企業は52・7％であり、「確保できなかった」と回答した企業の割合は前年度からプラス7・3％ポイントと増加している。

◆「確保できた」企業（45・8％）と「確保できなかった」企業（52・7％）の割合差（「中途採用確保D.I.」）は、全体でマイナス6・9％ポイントとなり、

▼中途採用：必要な人数の確保状況（経年比較）

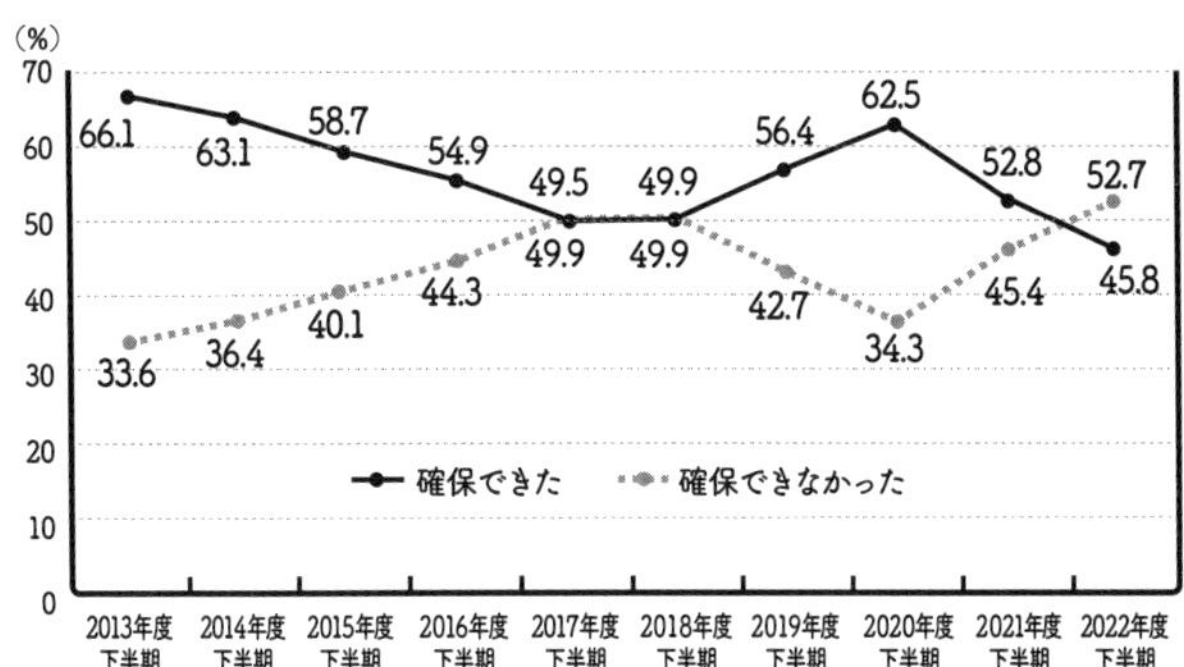

▼中途採用確保D.I（確保できた−確保できなかった）推移

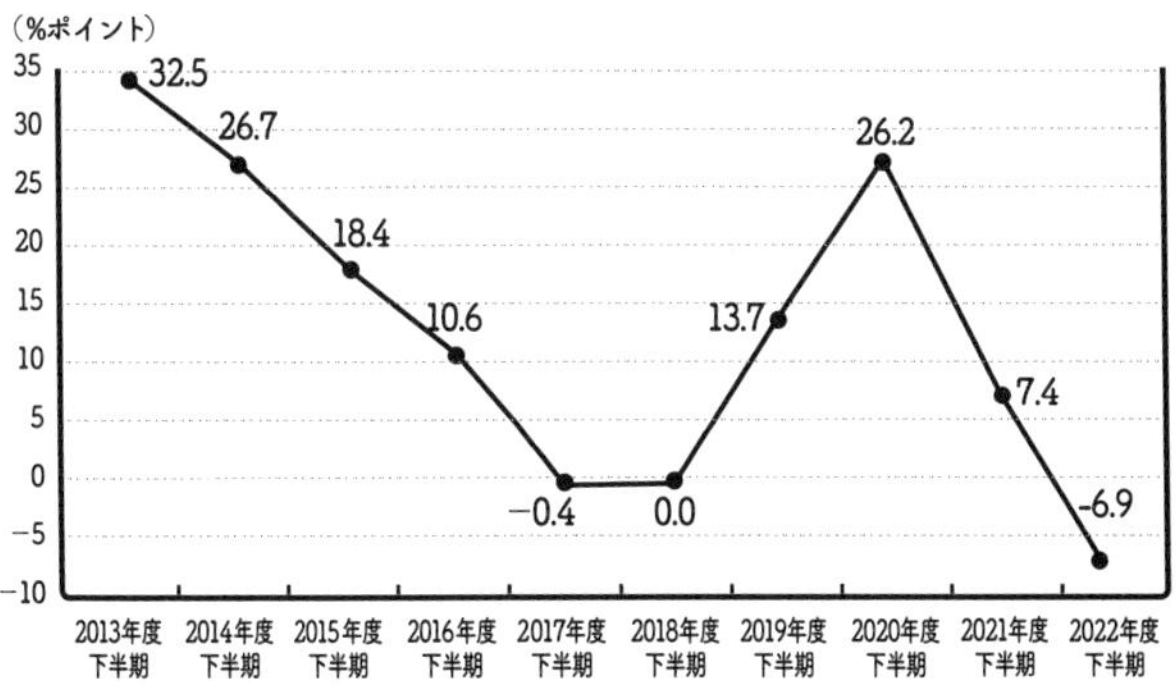

◆出典：リクルートワークス研究所「中途採用実態調査」
（https://www.works-i.com/research/works-report/item/230705_midcareer.pdf）を基に作成。

比較可能な２０１３年度下半期以降、最も低い値となっている。

◆「中途採用確保 D.I.」を従業員規模別にみると、すべての従業員規模でマイナスとなっている。特に、１０００〜４９９９人企業でマイナス13・４％ポイント、３００〜９９９人企業でマイナス11・３％ポイントと低水準となっている。

新卒採用でもこの傾向は同様です。

◆全国の民間企業の求人総数が前年の70・７万人から77・３万人へと６・６万人増加している。

◆学生の民間企業就職希望者数は、前年44・９万人とほぼ同水準の45・１万人である。

◆つまり、求人に対して、32・２万人の人財が不足している。

◆学生の希望については、３００人未満企業では４・３％、５０００人以上企業では４・５％それぞれ減少している（３００〜９９９人企業を希望する学生が３・５％、１０００〜４９９９人企業では５・７％増加）。

▼求人総数および民間企業就職希望者数・求人倍率の推移

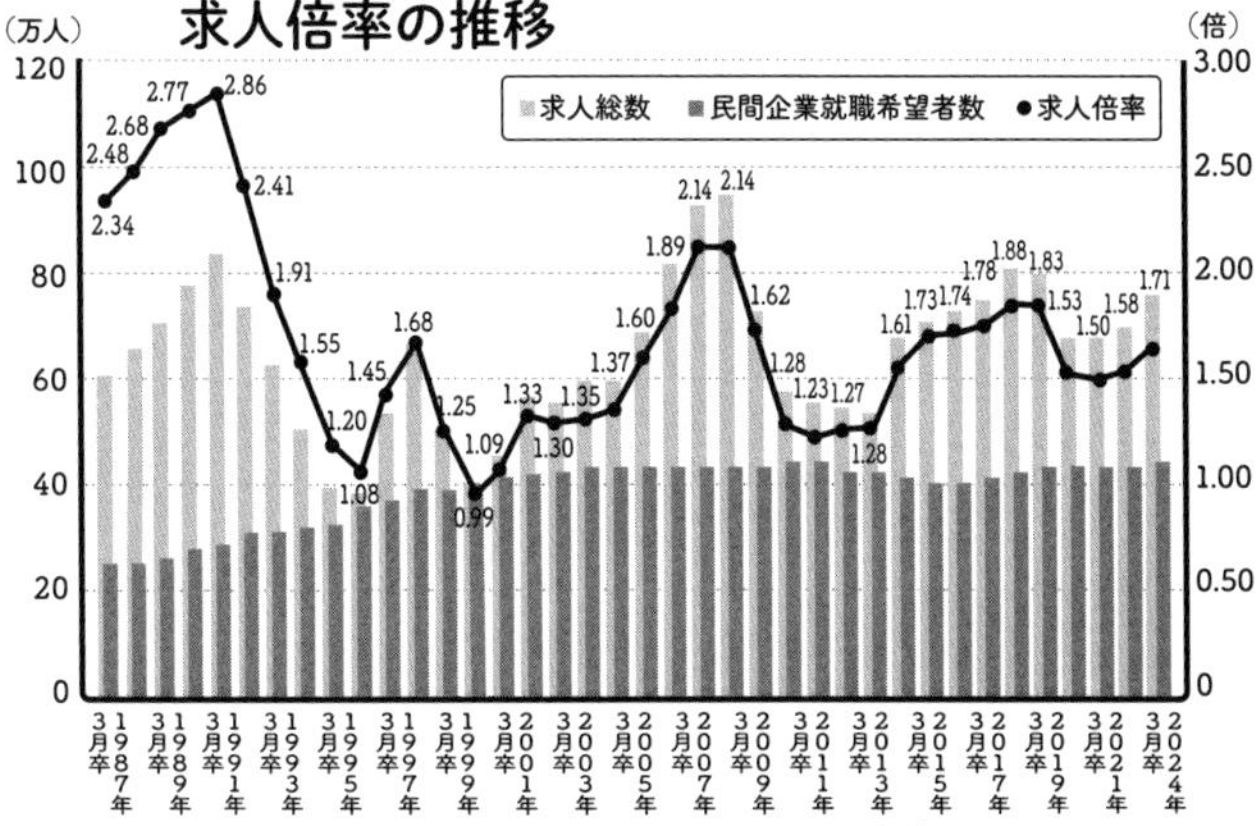

◆出典：リクルートワークス研究所「ワークス大卒求人倍率調査（2024 年卒）」
（https://www.works-i.com/research/works-report/item/230426_kyujin.pdf）を基に作成。

▼従業員規模別求人倍率の推移

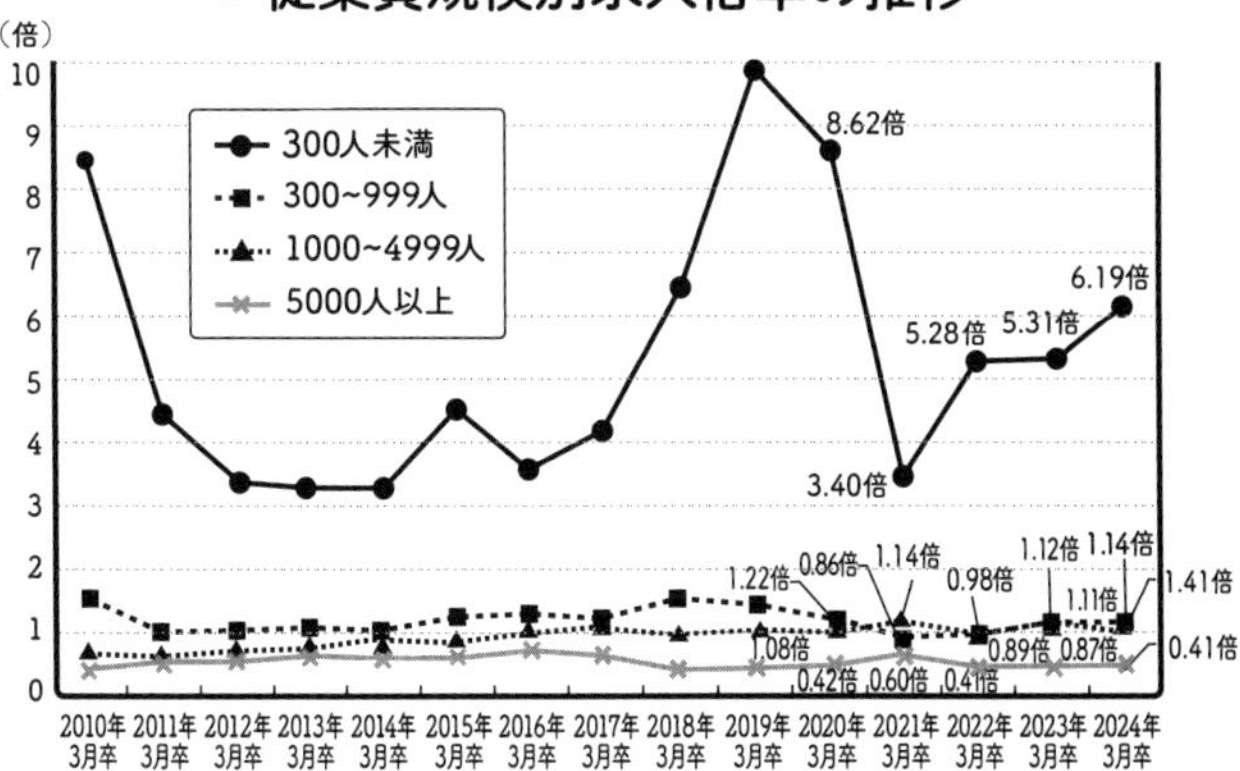

◆出典：リクルートワークス研究所「ワークス大卒求人倍率調査（2024 年卒）」
（https://www.works-i.com/research/works-report/item/230426_kyujin.pdf）を基に作成。

◆300人未満企業の大卒求人倍率は6・19倍となっている。

このデータから読み取れることは、**採用とは「限られたパイの奪い合いだ」**ということです。

営業の世界で「他社の売上が上がったら、自社の売上は下がるのか？」というと、そんなことはありません。

しかし、他社が採用する人を増やしたら、自社が採用する人は減ります。

営業は競争ではありません。しかし、採用は競争なのです。

そして、この競争に勝つか負けるかは、「一所懸命やっているか」「片手間でやっているか」の差になります。

本書では、**付加価値を生み出す人財を採用し、成長し続けている会社に共通する「採用」に対する考え方、ノウハウ、実践法を完全公開**します。

事例を豊富に盛り込んで解説しますので、採用がうまくいっている会社が、いかに採用活動に取り組み、仕組みとして人財を集めているかを知ることができます。

また、自社で実際に応用できるよう、ノウハウを体系化して紹介しています。

「とりあえず採用してから育てる」は危ない

人事労務分野の情報機関が２０２２年10月にまとめた実態調査が興味深い事実を示しています（出典：産労総合研究所「２０２１年度教育研修費用の実態調査」https://www.e-sanro.net/research/research_jinji/kyoiku/kyoikukenshu/pr2210.html）。

企業の教育研修費用予算額が増加し続けています。

◆教育研修費用総額の２０２１年度実績額は５２２１万円、２０２０年度実績額と比較すると、５９６万円の増加。

◆従業員１人あたりの教育研修費用の２０２１年度実績額は２万９９０４円で、前回調査より５０６３円の増加。

◆２０２１年度と２０２２年度で予算額を比較すると、「増加」49・３％、「減少」35・３％で、４年ぶりに増加が減少を上回る。

◆教育研修費用総額の今後１～３年の見通しは、「増加」とする企業（かなり増加＋

やや増加）が55・8％と半数を上回る。

この数字から、人手不足が深刻化するなか、人財を外部に求めるのではなく、社内の人財をいかにして育てるかに企業が取り組んでいることが見て取れます。

私もその恩恵を受けて、ありがたいことに数年先までスケジュールが埋まっている状況です。

しかし、あえて言いたいのです。

間違えた人を採用したら、どんなに教育してもムリなものはムリ——。

どんなに腕のいい料理人であっても、素材が悪ければ、何ともなりません。味を良くするにも限界があります。

変化の激しい今こそ、いい素材の仕入れ方法を改めて知っておくべきなのです。

採用の考え方、やり方が劇的に変わる

あなたが本書を手に取っているということは、採用のやり方を改善しなければなら

ないと真剣に考えておられる証でしょう。

本書では、採用のやり方を改善するために必要な重要エッセンスを凝縮してお伝えしていきます。

第1章「採用をなめてはいけない」では、採用がうまくいっていない会社が陥りがちな採用に関する大きな勘違いを指摘しつつ、採用が会社にとってどれだけ大切なのかをロジカルにお伝えしていきます。

第2章では、いい採用ができない会社に共通する5つの理由について事例を交えながら詳しく解説していきます。

第3章では、いい採用を実現するために重要なエッセンス「誰を採用するか」について、前提となる考え方を提示していきます。

第4章では、いい採用を実現するための戦略策定ステップを大きく5つに分けて解説します。

第5章では、いい採用を実現させるための採用プロセスの設計、求人票やスカウトメールの書き方、面接や内定者フォローの仕方など、詳しく解説します。

「思考法」というタイトルからお察しのとおり、単に「これをやるとうまくいきます」といったことは書いていません。

あくまで「この思考の手順で採用活動をやるとうまくいきます」といったことを書いています。それも「ずっとうまくいきます」と。

時短を求める人にとっては、説明が長いと思う箇所があるかもしれません。でも、思考法ですから、説明は長くなります。

また、本書をいわゆるノウハウ本にはしたくないという意図もあります。ノウハウであれば、ネットで見つけることも難しくないからです。

私はこの本を通して、あなたが採用について見つめ直す、そんなきっかけをおつくりできればと思っています。

もし、あなたが最近の採用マーケットに精通しており、すぐにいい採用を実現させる具体的なステップを知りたい場合は、第3章や第4章からお読みいただいてもかまいません。

なお、本書では、**あえて「人材」ではなく、「人財」と表記**しています。

少し違和感を持たれるかもしれませんが、企業にとって社員とは、財産のように貴重な存在であるという意味を込めて、あえて「人財」と表記することにします。

自社にとって、本当の意味で「財産となる人」はどのような人なのか。

どのような人であれば、活かすことができるだろうか。どのような人だと活かすことができないだろうか。

人は生きている以上、価値のある存在です。

自社でその価値を最大化できるか否か、企業側はもっと真剣に考えねばなりません。他社に行けば輝いた人を自社が採用してしまったがために、その価値を無為にしてしまう場合だってあります。そのようなミスマッチは避けなければなりません。

本書が、貴社の採用活動を変えるきっかけとなり、新しいことにチャレンジし、業績を伸ばし続けるためにお役に立てるなら、著者としてこんなにうれしいことはありません。

第1章

採用をなめてはいけない

――採用の失敗が与える影響とは？

いい採用ができない会社に共通する「最悪の勘違い」

「人さえいれば……」という時代!?——急増する「人手不足倒産」

現在、採用市場において、企業側は選ばれる立場です。

最近、取り上げられることが増えてきたのは、「人手不足倒産」という言葉です。

経営はそれなりに順調にいっているのに、人が採れないことを理由に、廃業を余儀なくされてしまう……。これが**「人手不足倒産」**です。

今や、従業員の離職や採用難など人財不足による収益悪化で倒産する企業が全国で急増しています。

2023年上半期（1～6月）に累計110件発生、前年同期から約1・8倍に急

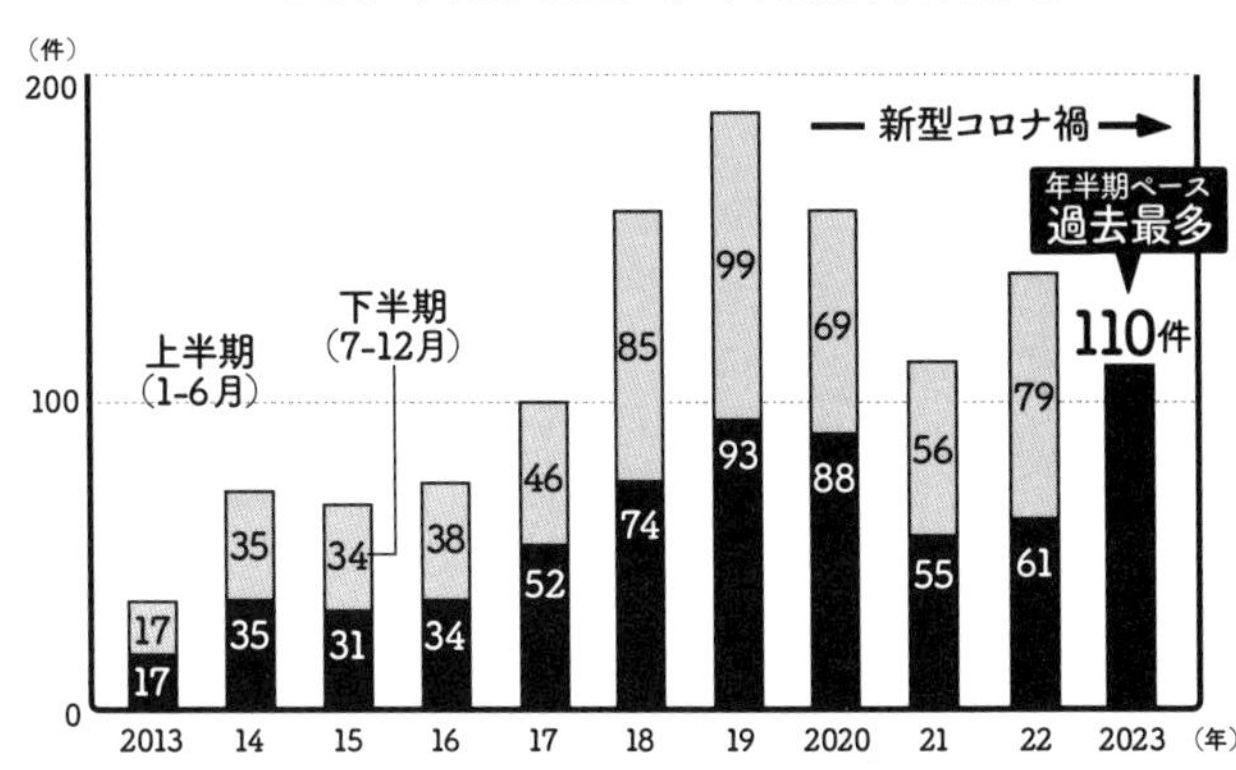

◆出典：帝国データバンク「全国企業倒産集計2023年上半期報別紙号外リポート：人手不足倒産」（https://www.tdb.co.jp/tosan/syukei/pdf/23kamig.pdf）を基に作成。

増したほか、２０１３年に集計を開始して以降、年半期ベースで初めて１００件を超え、過去最多件数を更新しています。

これからは、「資金繰り倒産」でなく、**「人繰り倒産」**があたりまえになっていくのでしょうか。

せっかく高い志を持って起業し、これまで苦労し、紆余曲折がありながらも会社を築き上げてきた。お客様からも高い評価を受けるようになり、事業が回るようになってきた。まさにこれからというときに廃業を余儀なくされる。

その理由が、間違った経営をしていたというなら、あきらめもつくかもしれません。

しかし、その理由が「人が採れないか

ら」というものだとしたら――。

想像するだけで、私はいたたまれない気持ちになります。

倒産まではいかずとも、ここ数年、採用がうまくいかなかったがために、経営計画が未達成となってしまったという話を聞くことも少なくありません。

あなたも、「人さえいれば……」と思っている1人かもしれません。

あなたの会社の採用がうまくいかない、根本的な原因

では、ここであなたに質問です。

「ズバリ、あなたの会社の採用がうまくいっていない理由は何ですか？」

この質問に対して、どんな答えが浮かんだでしょうか？

パッと浮かんだ答えを書き出してみてください。

「　　　　　　　　　　　　　　　　」

私は、採用に関するコンサルティングはもちろん、営業のコンサルティングもしています。

多くの会社で、コンサルティングをしていると、結果を出している営業パーソンと結果を出せていない営業パーソンには、決定的な違いがあることがわかります。

それは、トークスキルなどではありません。

「思考のクセ」の差です。

具体的に言えば、ある問題が発生したときに、**その原因を「自責」にするか「他責」にするかの違い**です。

口グセのように、次のような発言をする営業パーソンがいます。

「当社商品は▲▲だから売れない」
「このエリアは▽▽だから売れない」

つまり、売れないのは「自社の商品のせい」「担当しているエリアのせい」と言うのです。

しかし、社内には、その商品で結果を出している営業パーソンもいます。

同じエリア、同じ規模の会社を担当している営業パーソンで、圧倒的な結果を出している人もいます。

つまり、自分以外の何かのせいにして、「やるべきことをやっていないだけでしょ」ということです。

売れない原因を自分の外に求めるか、自分の内に求めるか、この思考習慣のクセは大きな成果の差を生み出します。

では、先ほどの質問に戻ります。

「ズバリ、あなたの会社の採用がうまくいっていない理由は何ですか?」

「少子化だから」
「売り手市場だから」
「中小企業だから」
「不人気業界だから」

「給料が安いから」
「立地が悪いから」

もし、このようなことを1ミリでも思っているとしたら、それは結果を出せていない営業パーソンの思考です。

本書を読みながら、この思考パターンを切り替えていきましょう。

なぜなら、
同じ売り手市場において、採用がうまくいっている会社もあるのですから。
同規模の中小企業でも、採用がうまくいっている会社もあるのですから。
同業界の企業でも、採用がうまくいっている会社もあるのですから。
同条件の企業でも、採用がうまくいっている会社もあるのですから。

今すぐに、この思い込みから逃れなければなりません。
いい採用をするためには、この最悪の勘違いから逃れることです。

やっぱり、採用も「始めが大事」

——A good beginning makes a good ending.

「始め」を疎かにするデメリット

「始めが大事」ということわざがあります。

辞典を引くと、

「最初に立てた計画、決めた方法、やり出した態度などが最後まで影響する。したがって、手をつける場合には慎重さが大切だということ」

とあります。

類語には「始め半分」「始めに二度なし」「始めよければ終わりよし」「始めよければ半ばよし」があります。

こういった言葉があることからわかるのは、物事は最初によく準備してかからなければならないということが古くから言われている、という事実です。

私たちの日常でもビジネスにおいても、「始めが大事」という場面は、実に至るところにあります。

たとえば、サイト制作。

先日もわが社でこんなことがありました。

自社サイトのリニューアルをしようと、社内の担当と打ち合わせをしていました。

「このページ内に動画を貼り付けたい」

私はそう言いました。

しかし、担当はこう言います。

「サイト制作会社に最初に依頼したときの設計で、このページに動画を貼り付けるとなると、難しいかもしれません。見積もりを取ってみますが、二桁、いや下手すると、三桁かかるかもしれません……」

「えっ……」

多くの場合、「やり直し」というのは面倒なものです。コストも、時間も、トータルでみたら、余計にかかります。はっきり言って、かかる必要のなかった無駄なものです。

「始めにもっとよく考えてやっておけば、のちのち苦労せずに済んだはずなのに……」

そんなことは、私自身もしょっちゅう思うことです。

ホームページであれば最悪捨てて、イチからつくり直すこともできますが、人の場合はそうはいきません。

「採用を真剣に考える」とは、実際どういうことか？

私は企業の現場に入ってコンサルティングをしていますが、大きく飛躍する企業ほど、この「始めが大事」を実践していると感じます。

では、大きく飛躍している企業ほど、「始めが大事」をどのように実践しているのでしょうか？

◎新入社員には、入社後すぐに現場に配属せずに研修をして、基礎教育を徹底してやる。
◎プロジェクトを開始する前に、リーダーが最初にその目的をメンバーに周知する。

その他にも実践していることはあるかもしれません。

しかし、これらの場面は、本当に「始め」と言えるでしょうか。

「始め」とは「起点」です。

考えるべきは、

「入社後の社員教育は、起点と言えるのか？」

「プロジェクトの目的共有は、起点と言えるのか？」

ということです。

大きく飛躍する企業ほど、「始めが大事」と捉え、実践していることがあります。

そう、それが「採用」です。


「自社には、どのような人財が本当に必要なのか？」

「そのような人財に入社してもらうには、どのようなプロセスが最適なのか？」

企業は存続していかなければなりません。そのために考えるべきは、「始めが大事」だということです。

大きく飛躍する企業は、そのことをわかっているからこそ、採用に力を入れていきます。

「採用のあり方」「やり方」を真剣に考え、常に環境に合わせて実践し続けているのです。

プロジェクトを始動するときでも、それは同じです。

そのプロジェクトメンバーに誰を「採用」するか？

それにより、プロジェクトの成否の何割かは決まってしまうのではないでしょうか？

「始めが大事」

採用を真剣に考えるということは、そういうことなのです。

それでは、採用について考える旅を、一緒に始めてみましょう。

焦って人を採用すると、ロクなことがない

イメージしていた人物像に近い人が応募してきた！

これは、「はじめに」で実例として挙げた従業員数２５０人の専門商社の話です。

採用コンサルティングに入った初日、採用担当者が最近起こった出来事として私に打ち明けてくれました。

数カ月もの間、中途採用活動をしてきたものの、なかなか要件に合う人財が現れない状況が続いていました。

早くいい人財を見つけなければ現場に示しがつかないと焦っていた、そんなある日、人材紹介会社（エージェント）から1人の職務経歴書が送られてきました。

「まだ若いにもかかわらず、前職では複数拠点のマネジメント経験がある」

会ってみようと思うには、十分な内容でした。

「イメージしていた人物像に近い！」

そう直感し、すぐに面接の段取りをしました。

面接はトントン拍子で進みました。社長も、いつもは辛い評価を行なう重役も、「いいんじゃないか」と判断。

そうとなれば、スピード勝負です。

「内定通知」の段取りと、フォローの進め方をエージェントと打ち合わせました。応募者も当社に好印象を持っているようですが、選考に進んでいる会社が複数あるので、すぐに結論は出せないとの情報。

なかなか現れないだろう人財です。こうなったら、なんとしても採用に漕ぎ着けたいところ。

彼と、前職が同業種の先輩社員との食事会をセッティングしました。先輩社員が当社に入社した経緯を話すことで、シンパシーを感じてもらえると考えたからです。会食時には社長直筆のメッセージを手渡してもらいました。

会食後の3日後、彼の意思がエージェントを通じて知らされました。

「内定を承諾します」

ミッションコンプリート！

採用担当者としての仕事のなかで、最も安堵感に包まれる瞬間です。

入社時期の調整と、配属や受け入れ準備を行ない、現場に引き渡しました。

採用後に発覚した期待外れの「即戦力」

それから数週間か経った頃でしょうか、直属の上司となったM部長から連絡が入りました。そして矢継ぎ早に言われました。

「今回採用した彼は、どういう基準で採用したんだ？」

「やる気はあるようだけど、こちらが指示したことをやらないんだ。やれないのかもしれない」

「『えっ⁉　ちょっと待てよ。それってやるのがあたりまえだよね⁉』ということばかりだ」

「『ドラフト1位の即戦力人財』だと聞いていたけど、完全に『育成枠』だよ」

「どうするんだよ。今ただでさえ人手不足で忙しいのに、育成なんてしている暇ないんだよ……」

このような不満が多くあがってきたのです。

採用担当者は、この話を打ち明けてくれた後、ため息混じりにこう言いました。

「いい人財だと思って、社長も重役もＯＫだったのに……。採用って本当に難しい、そう思ってしまって、その後どうしたらいいかわからなくなってしまいました」

このようなことは、日本中の至るところで起こっています。

ちなみに、この会社はその後、彼を育成するために外部の研修に参加させたり、上司がマンツーマンで指導したりと、手間暇を惜しみませんでした。しかし、彼に変化は見られず、投じたコストが回収されないまま、約1年半後、彼は退職していきました。

自信を失った彼は、その後の転職活動もうまくいかず、なかなか転職先が決まらなかったと聞きます。

上司であるマネジャーは、結果的に長時間労働を強いられることとなり、体調を崩し、現在では入退院を繰り返す状態にまで悪化してしまいました。

この組織は、大事な戦力であったマネジャーすらも失う結果となりました。

採用にはこんな責任が伴う

ビジネスには成功と失敗が付き物です。

失敗したことがないという会社は、そもそもチャレンジしていないということです。チャレンジしない限り、成功は得られません。

◎新しく始めたプロジェクトが赤字になってしまった。

◎新規の大口顧客を開拓するため、商談を組んだものの不調に終わった。

現状を打破するために、このように新しいチャレンジをすれば、うまくいかないこともあります。うまくいかないことのほうがむしろ多いものです。

短期的に見れば、一つひとつの失敗の損失は少なくないでしょう。

しかし、長期的に見れば、チャレンジしない会社は、いずれ成長が止まることになります。そして、いずれ衰退期に突入することになります。

失敗を許容する企業文化がなければ、社員は萎縮して新しいチャレンジをしなくなります。失敗を恐れず、貪欲(どんよく)に取り組む社員を育成するためには、失敗したことを叱るのではなく、チャレンジしないことを叱らなくてはなりません。

そして失敗したときには、「チャレンジして失敗したんだから仕方ない。この経験を次に活かそう」と背中を押すのです。

しかし……。

私は**「採用は失敗してはいけない」**と考えています。

先の会社の例のように、組織に与える影響が大きいからです。それだけではありません。会社だけでなく、採用した人に対しても傷を負わせることになるからです。

お互いに傷だけが残る――。

これが採用を失敗したときに生じる状態です。

結婚生活がうまくいかず、離婚する夫婦と似ているかもしれません。

「今回の結婚相手とはうまくいかなかったけど、すぐに気持ちを切り替えて次の相手を探そう」

そんなふうに容易く気持ちを切り替えられないのも、採用と結婚に共通する点だと思います。

採用は、その人の人生を左右する行ないです。責任が伴う行ないです。

であるならば、結婚相手をプロフィールと数回の会話で決めないのと同じで、人の採用も書類や数回の面接では決められないはずです。

もしあなたが経営者、もしくは採用活動に携わったことがあるならば、退職していった社員に対して、

「もし当社が彼を採用していなかったら、彼は自分を活かせる別の会社でもっと能力を発揮できていたかもしれない」

と思ったことがあるかもしれません。

だから、採用をテキトーにやってはいけません。勉強も探求もせずに、感覚でやるものではありません。

採用に対して真摯（しんし）な姿勢と取り組みを行う企業こそ、いい人財からもお客様からも地域社会からも選ばれる企業になると私は考えています。

採用は「点」でなく、「線」と「面」で考える

確かに「人手不足にあえいでいる」けれど……

今、日本企業の多くが人手不足にあえいでいます。

帝国データバンクが2023年7月に行なった人手不足に関する企業動向調査があります。

それによると、「正社員が不足している」と回答した企業割合は51・4%。前年同月調査から3・7ポイント増加しました。

不足している業種の上位は、次のとおりです。

1位　情報サービス（74・0%）、2位　旅館・ホテル（72・6%）、3位　建設

▼正社員の人手不足割合（上位10業種）

(%)

		2021年7月	2022年7月	2023年7月
1	情報サービス	54.7	↑ 64.9	↑ 74.0
2	旅館・ホテル	22.5	↑ 66.7	↑ 72.6
3	建設	57.5	↑ 62.7	↑ 68.3
4	メンテナンス・警備・検査	53.8	↑ 59.8	↑ 68.2
5	飲食店	43.6	↑ 54.1	↑ 66.3
6	運輸・倉庫	47.1	↑ 59.4	↑ 64.3
7	医療・福祉・保健衛生	43.5	↑ 52.9	↑ 62.3
8	金融	41.2	↑ 56.5	↑ 60.9
9	自動車・同部品小売	57.1	↑ 57.8	↑ 59.5
10	人材派遣・紹介	43.8	↑ 52.2	↑ 58.9

※母数が20社以上の業種が対象
◆出典：帝国データバンク「人手不足に対する企業の動向調査」
（https://www.tdb.co.jp/report/watching/press/pdf/p230804.pdf）を基に作成。

▼非正社員の人手不足割合（上位10業種）

(%)

		2021年7月	2022年7月	2023年7月
1	飲食店	56.4	↑ 73	↑ 83.5
2	旅館・ホテル	39.5	↑ 55.3	↑ 68.1
3	人材派遣・紹介	41.8	↑ 55.4	↑ 65.8
4	各種商品小売	48.8	↑ 56.5	↑ 56.6
5	飲食料品小売	41.4	↑ 54.5	↓ 53.6
6	農・林・水産	34.4	↑ 48.5	↑ 52.1
7	メンテナンス・警備・検査	44	↑ 45.9	↑ 50.3
8	娯楽サービス	31.7	↑ 40.8	↑ 50
9	金融	22.9	↑ 33.1	↑ 48.7
10	専門商品小売	31.7	↑ 40.9	↑ 44.7

※母数が20社以上の業種が対象
◆出典：帝国データバンク「人手不足に対する企業の動向調査」
（https://www.tdb.co.jp/report/watching/press/pdf/p230804.pdf）を基に作成。

（68・3％）、4位　メンテナンス・警備・検査（68・2％）、5位　飲食店（66・3％）。

非正規で不足している業種の上位は、

1位　飲食店（83・5％）、2位　旅館・ホテル（68・1％）、3位　人材派遣・紹介（65・8％）、4位　各種商品小売（56・6％）、5位　飲食料品小売（53・6％）

という調査結果でした。

たった1人の採用が変えた未来

「採用がボトルネックになり、事業展開にブレーキがかかっている」というジレンマと「逆に採用の課題さえクリアすれば、未来が拓ける」という希望とは交錯するものです。

このような状況下に置かれると起こってしまうのが、先の項目でご紹介した実例です。

しかし、採用は「今という『点』」で考えると失敗します。

採用は、必ず「今から未来へと続く『線』」で考えねばなりません。

なぜなら、言うまでもなく、事業は「点」ではなく、「線」だからです。

そして、組織に「面」で影響が出るのが採用です。

いい影響もあれば、悪い影響もあります。

悪い影響の場合は、組織に与えるストレスは非常に大きいものがあります。採用さえしなければ存在しなかったストレスです。

限られた資源のなかで、かけるべきコストは分配しなければなりません。時間、費用、人的労力は、プラスのリターンを生み出すためのコストであるべきです。採用を失敗した場合には、時間も、費用も、人的労力も、コストとして本来かけるべき方向に費やすことができません。

本来得られるはずであったリターンも奪われることになるのです。

営業活動の場合、「今回のA社の案件が、ダメだったね」で済まされます。なぜなら、ダメなら、次に当たればいいだけですから。

一方、採用活動の場合、そうはなりません。「今回のAさんの採用、ダメだったね」では済まされません。安易にリストラすることもできません。

夫婦関係も同じです。「今回の相手はダメだったね」とすぐに離婚できません。協議を重ねて、場合によっては裁判所の審判を仰ぐことにもなりかねません。その間の**精神的コスト、時間的コスト、経済的コスト**は計り知れません。

採用も同じです。採用を間違えると、「点」だけでなく、「線」だけでもなく、「面」の単位で組織に与える影響は複利的に大きくなるのです。

逆にたった1人の採用の成功が、未来を劇的に変えることもあります。

私のコンサルティング先の会社では、１人の採用をきっかけに長年未達成が続いていた事業目標が1年目から達成しました（入社後たった4カ月で達成フェーズに引き上げた）。

中小企業やスタートアップ企業はもちろん、中堅企業、大企業も、たった1人の採用が会社の未来を劇的に変えることはあるのです。

組織力も売上アップも、まずは素材から

成果が上がる組織の公式

「料理」は、「素材」と「味付け」で決まるものです。

いくら料理人の腕が一級品であったとして、調理方法や味付けが優れていたとしても、「賞味期限切れの素材」であれば、おいしい料理にはなりません。

このことをビジネスに置き換えれば、

「料理＝成果」

「素材＝人財」

「味付け＝戦術」

と言えるでしょう。

ビジネスにおいて、求める成果を得るためには、適切な人財と戦術が必要というわけです。

つまり、次のような公式が成り立ちます。

【成果＝人財×戦術】

いくら経営者の腕が一級品であったとして、戦術が優れていたとしても、それを実行する人財がふさわしくなければ、競合との戦いに勝つことはできません。

スポーツでも同じです。

たとえば、サッカー。強いチームをつくり上げるには、「選手×監督の戦術」が必要です。現有選手の力を引き出し、個々の選手に応じたベストな戦術を選択することで、強いチームをつくり上げる、そんな優れた指導者は存在します。

しかし、ヨーロッパリーグでもJリーグでも、選手の補強を行なっています。勝つために、戦力が不足しているポジションに必要な選手を他のチームから補強しているのです。所属選手の枠には限度がありますので、構想外となった選手は他のチームに移籍させ、勝つためのチーム編成を行ないます。資金力のあるチーム、練習設備環境が充実しているチーム、優れた指導者がいるチーム、過去の実績があるチームほど、選手補強がうまいものです。

野球の世界も、バスケットボールの世界も例外ではありません。勝つためには、選手という素材が充実していることが必要不可欠。いかなるスポーツでも共通することです。

音楽の世界でも同じです。音楽プロデューサーがいくら優れていても、歌い手という素材がいなければ成り立ちません。だから、新人を発掘するためにオーディションが行なわれるのです。

一流のリーダーでも、限界はある

料理人にせよ、スポーツ監督にせよ、音楽プロデューサーにせよ、実力のある人は、これまでの経験から目の前にある素材の良さを引き出したり、新しい素材と今ある素材とをうまく組み合わせることに長けています。

調理、味付けはいくらでもできるものです。

しかし、どんなに優れた才能を持っている彼らにしても、素材を見つけることができなければ、仕事になりません。仕事が始まらないのです。

だから、「始めが大事」というわけです。

素材の調達を怠ったり、テキトーな素材選びをしてはいけません。

特に、ビジネスの世界は、凄(すさ)まじい勢いで環境変化が起こっています。昨日まで通用した戦術が一夜にして陳腐化することもあります。

だからこそ、**「いい素材をいかに見抜き、確保するか」**。

それがビジネスの成否を決めると言っても決して過言ではないでしょう。

料理と同じで、まずは素材から。

お客様に提供する料理（＝価値）は、素材（＝人財）選びから。

お客様に喜んでいただける素材かどうか、見極めること。

すべては**人財採用**から決まります。

人を見抜く力こそ、経営力である

採用は「競争」だと、ホントにわかっていますか？

「料理」は、「素材」と「味付け」で決まるもの。

ビジネスにおいても、「味付け」より前に「素材」が大事だ。

そんな話をしました。

「そんなこと、今さら言われなくても、わかってるよ！」と思っている人もいるかもしれません。

いや、でも、誤解を恐れずに言わせていただくと、「本当にわかっていますか？」

と言いたくなることがあります。

素材にしても、選手にしても、その数が無限にあれば、それほど困ることはないでしょう。調達が容易であれば、あとは「味付け」や「戦術」に集中すればいいのです。

しかしながら、それらは無限に存在しません。有限です。

さらに言えば、「いい」と思う基準というのは、自分も他人もだいたい同じです。自社が考えるいいという人財の基準は、よその会社も同じであったりします。

だから、この本の冒頭「はじめに」でも述べましたが、「採用は、競争であり、勝ち負け」なのです。

その競争に勝つために、「命懸けで」取り組まなければいけません。

これは精神論ではありません。命懸けで取り組むには、どのようにしていけばいいかを、ひきつづきお話ししていきます。

いい人財採用を実現するためにとても大事な思考法なので、再度お伝えしました。

採用の市場原理

話を戻しましょう。

新卒採用においては、ある人は10社でも20社でも内定を獲得します。「うちに来てくれ！」と数多くの企業からオファーをもらうわけです。

一方で、1社も内定を獲得できない人もいます。

人に容易に優劣をつけることはできませんが、「人を見る目」はだいたい同じです。同じようなフィルターを持って、選考をしています。

だから、ある人には内定が集中し、ある人にはいっさい声がかからないという現象が生じるのは珍しいことではありません。

商品であっても、売れるものと売れないものは理不尽なほどハッキリと存在します。それが市場原理であり、そうなれば必然的に、**特定の人財の争奪戦**になります。

需要が供給を上回るのですから、取り合いになります。

プロ野球のドラフト会議は、そのリアルな場でしょう。

1位指名に複数球団が競合し、抽選をする。順番にくじを引き、一斉に紙を広げる。「交渉権獲得」というくじは、くじを引く代表者の手にかかっている。静寂のあとに訪れる、歓喜の瞬間――。

しかし、複数球団が競合した選手が、入団後活躍するということは「絶対」ではありません。むしろ、何年経っても芽が出ずに、花を咲かせることもなく、プロの世界からひっそりと姿を消す選手は少なくありません。

「採用してみないとわからない」のウソ

「採用してみないとわからない」

多くの経営者、採用関係者が口にする言葉です。

しかし、これは本当でしょうか?

ここでハッキリと申し上げます。

「採用してみないとわからない」

この言葉は、**いい人財を採用できない企業の言い訳**に過ぎません。


「マネーボール」という映画があります。アメリカ・メジャーリーグを舞台とした映画です。

メジャーリーグを舞台とする映画はこれまでもたくさんありました。しかし、「マネーボール」が他と違うのは、主役が選手ではないという点です。主人公は、球団を運営するGM（ゼネラル・マネジャー）です。

野球では、一番の目的は「勝つこと」。特にプロの世界では、勝つことが観客動員、収益にもつながるからです。

勝つためには得点を取らなければなりません。そのためには優秀な打者が必要です。では、優秀な打者とはどんな打者でしょう。あなたはどう考えますか？

打者として一般的に評価される指標は、「打率」「打点」「ホームラン数」でしょう。この数値が高い選手はもちろん優秀です。しかしながら、獲得競争も厳しくなります。そうなると、資金力のある大きな球団には敵いません。

資金難のために優秀で年俸の高い選手を獲得することができず、長年低迷中のチームのGMに就任したビリー・ビーンは考えました。

何を考えたか？

それは、「優秀な選手の定義」です。

各種統計から選手を客観的に評価する「セイバーメトリクス」という手法を用い、従来のスカウトたちが見ない視点で選手を評価していきました。

たとえば、「出塁率」と「長打率」です。「フォアボールでもいいから塁に出る能力が高く、またバットに当てたときに長打にする能力が高い選手が優れている」という発想です。

他にも他球団が持たない「優秀な選手の定義」に基づき、他球団が見向きもしなかった選手を何人も迎え入れます。

あまりにも常識から外れた選手選考に、監督・古株のスカウトマンらの反発は相当なものでした。

しかし、ビリー・ビーンは、この発想を貫きます。

結果、限られた予算・人件費のなかで「人財採用」をしたチームは勝ち続け、20連勝という新記録を打ち立てるのです（この続きは、ぜひ映画をご覧になってください）。

選考で特にどこを重要視したかで、その会社の経営力がわかる

この実話が示唆することは、人を採用する際にどんな点を重視するか、見極めるポ

イントをどこに置くかが非常に重要だということです。

では、日本を代表する大手企業は、新卒採用にあたってどんな点を重視しているのでしょうか？

日本経済団体連合会（経団連）が２０１８年まで毎年行なっていた「新卒採用に関するアンケート調査」の結果を見れば、それがわかります（出典：日本経済団体連合会「新卒採用に関するアンケート調査」２０１８年度調査 https://www.keidanren.or.jp/policy/2018/110.pdf）。

「選考にあたって特に重視した点は？」という問いに対する回答は以下のとおりです（経団連企業会員１３７６社を対象に実施し、５９７社が回答）。

「コミュニケーション能力」が82・４％と最も高く16年連続の１位、**「主体性」**が64・３％で10年連続の２位、**「チャレンジ精神」**が48・９％で３年連続の３位、４位**「協調性」**47・０％、５位**「誠実性」**43・４％と続きます。

２０１８年を最後に、経団連は調査を終了していますので、以降はどうなのでしょうか。

内閣府が２０２０年３０００社を無作為に抽出した調査によりますと、**「コミュニ**

▼企業が採用方針として求める人物像（n＝1,106／複数回答）

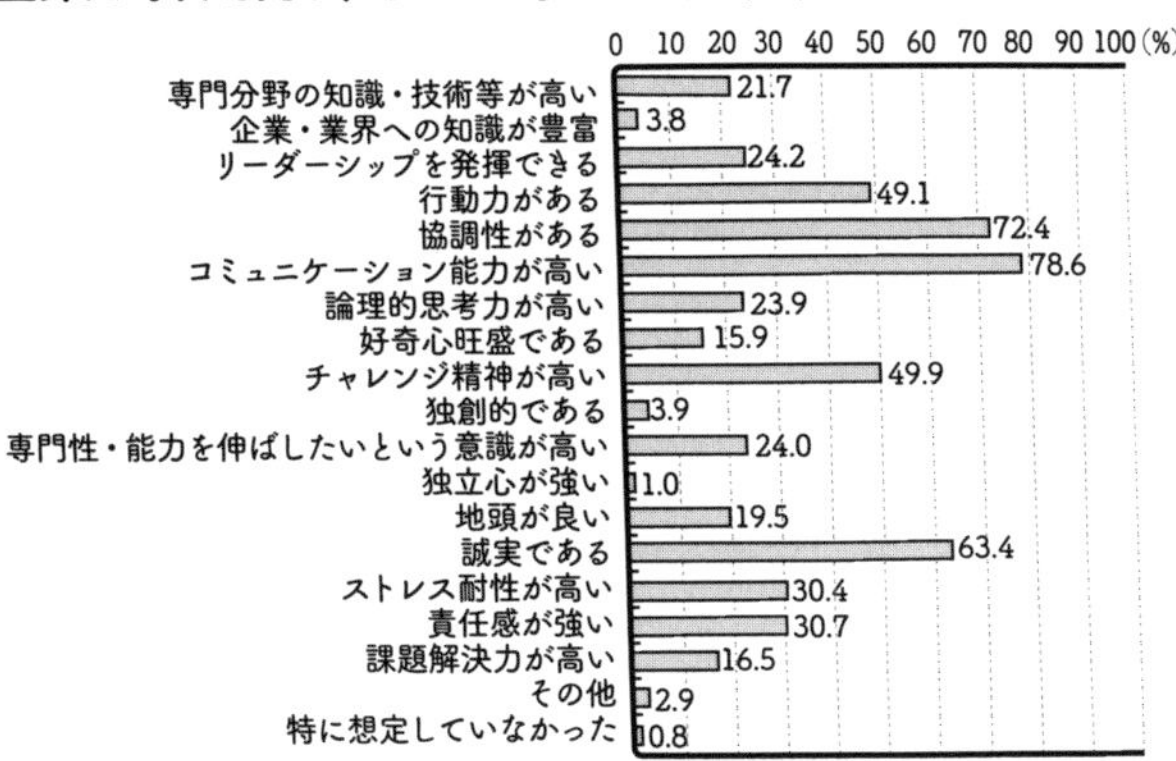

◆出典：2020年10月内閣府「企業の採用活動に関する実態調査」
（https://www.cas.go.jp/jp/seisaku/shushoku_katsudou/kanji_dai2/siryou7.pdf）を基に作成。

ケーション能力が高い」が78・6%と最も高く、最近の傾向も変化がありません。

このように求める人財の資質が各社横並びで、何年も前から変化がないというのは、私の目には異常に映ります。

なぜなら、時代は変わっているからです。

テクノロジーは飛躍的に進歩し、産業構造も大きく変化しています。歴史を辿ると、時代が変われば、活躍する顔ぶれが変わってきます。それは、時代によって活躍する人財の要件が変わるからに他なりません。

時代の変化を捉え、事業をさらに展開していくためには、これからの時代に活躍する人財とはどんな人財なのかを読み取ることが必要です。そして、**考え抜いた人財の**

要件を自社の採用基準に落とし込むのです。

時代が変わっても勝ち続けるためには、**これから活躍する人を見極める力**が必要です。それこそが経営力と言っても決して過言ではありません。

採用基準の設定方法は第3章と第4章で、見極める方法は第5章で、それぞれ詳しく解説します。

採用は、勝つか負けるか

求職者の心理プロセスの中身

最近、数多くの書籍やネットの記事で、**「採用＝営業」**と言われるようになってきました。初期アプローチから受注を獲得するまでの営業プロセスと、採用活動のそれとが類似しているからでしょう。

お客様の購買行動における心理プロセスを整理したモデルに、**「AIDMA（アイドマ）」**があります。

「知る（Attention）」

←「興味を持つ（Interest）」

←「欲しいと感じる（Desire）」

←「記憶する（Memory）」

←「購入する（Action）」

これは、求職者の就職活動における心理プロセスにも当てはめて考えることができます。つまり、求職者の心理プロセスに沿って、アプローチをしなければならないというわけです。

実際に当てはめてみます。

◎どのようにしたら、自社を知ってもらえるか（Attention）

◎どのようにしたら、自社に興味を持ってもらえるか（Interest）

◎どのようにしたら、自社に応募してもらえるか（Desire）

◎どのようにしたら、他社ではなく自社に入りたいと動機づけられるか？（Motivation）

◎どのようにしたら、自社への入社を決断してくれるか？（Action）

※ Actionを「応募」という行動とした場合には、Memory（記憶）が適当。応募から入社までの心理プロセスとした場合には、Motivation（動機づけ）が適当。

求職者の心理ステップに沿って、このように知恵を絞りながら、あの手この手と施策を講じるのが採用活動です。まさに営業活動と同じと言えるでしょう。

採用ステップの設計については第5章で詳しく解説します。

なぜ営業活動より採用活動のほうが厳しいのか？

――限られたパイを奪い合う戦い

しかしながら、採用は、営業とは比較にならないほどに厳しいものです。

私は営業のコンサルタントです。その違いがわかります。

だからこそ、そこははっきりと強調しておきます。

なぜなら、それは「限られたパイの奪い合い」だからです。

かつて私は人材紹介会社で営業の仕事に従事していました。求人をしている会社を訪問して、現状を伺いながら自社のサービスを提案する毎日です。

当時担当しているエリアに愛知県の三河エリアがありました。三河といえば、世界的に有名な巨大企業の本社があるエリアです。そう、トヨタ自動車です。

三河には、本社のみならず、工場が複数にわたり存在します。三河エリアのお客様先に伺うと、よくこんな話を聞きました。

「最近、トヨタが工場の期間限定従業員を募集しているでしょ？　おかげでうちに全然応募がなくなってきたわ……」

「あんないい条件を出されたら、うちなどはそりゃどうしようもないよ……」

その当時、トヨタ自動車は期間限定従業員を定期的に募集していました。その待遇は、正社員並み以上でした。

そうなると、周辺の会社は軒並み求人に苦労するようになります。

求人広告の訴求ポイントを刷新したり、条件を変更したり、さまざまな方策を実施しますが、見せ方を変えるだけでは、わずかな反応の変化しかない状態でした。

この点が営業と採用との違いです。

営業の場合、競合他社の売上が上がったら、自社の売上は下がるのか？　というと、そんなことはありません。

しかし、他社が採用する人を増やしたら、自社が採用する人は減ります。

営業は競争ではありません。しかし、採用は競争なのです――。限られたパイを奪い合う戦いなのです。

そのことを理解できていない会社は、これから長期的に、本当に厳しい時代を過ごすことになるでしょう。

採用活動は、「ちゃんとやっているか」「やっていないか」で、勝ち負けがはっきりするものです。

採用活動に必要な精神は、「ギブ・アンド・ギブ」

学生が成長する機会

大学生が4年間でもっとも成長するのはいつか?

大学入学から卒業までの4年間を通して数多くの学生を見てきた私の感覚では、それは就職活動のときです。大学関係者の方々には申し訳ないのですが、おそらく異論がないことであろうと思います。

「社会の厳しさ」と「自身の現状」をリアルなまでに突きつけられるのが、就職活動です。一般的な大学生活を送ってきた学生の場合、現実をまざまざと突きつけられるインパクトは、就職活動の他にないことです。

人には**「成長するきっかけ」**というものがあります。

そのきっかけとは、こうありたいという自身の「あるべき姿」を持つこと。次に等身大の生身の「現状」を知り、「あるべき姿」との間にできた「ギャップ」をリアルに気づくことです。

どうにもならないことも世の中にはたくさんあります。多くの学生が人生で最初にその現実を知る機会、それが就職活動です。

資格試験を努力量によってクリアできた学生も、就職活動は別物。理由も明らかにされないまま〝お祈りメール〟はやってきます。

いくらその企業のことを調べ尽くして、自身を採用するメリットを練りに練って考え、面接で披露したとしても、落ちる企業には落ちるものです。いくら熱意があって自身を営業しても、相手が不必要なものだとすれば売れません。仮に何度チャンスがあってもその結果は同じでしょう。

これまで、彼らが経験したものと就職活動とはまったく異質なものなのです。

「企業の社会的責任」を果たすのが採用活動
――選考する企業側の社会的責任（CSR）

でも、これが社会です。学生にとっては理不尽に映ることも社会のリアルな姿です。社会に出て働いている人間なら、誰もが経験している日常です。

就職活動の体験を通じ、これから自身が生きていく社会のリアルな姿を理解します。そして自身と向き合い、時に戸惑い、時に喜び、試行錯誤や葛藤（かっとう）の末に進むべき路を決めていきます。

試行錯誤や葛藤の多かった学生ほど、就職活動前と後の変化は、形容するのが難しいほど大きいものです。

このことからわかるのは、**採用する側の企業は、採用活動を通じて若者の成長に貢献している**ということです。

松下幸之助は、「企業は社会の公器である」という言葉を残しています。採用活動は「企業の社会的責任」を果たす役割を担っているというスタンスを持つことは、とても重要です。

そのスタンスは、必ず学生側に伝わるものです。

本気で向き合う選考プロセスが生み出す大きなメリット

日本は少子高齢社会です。これからはさらに働く人一人ひとりの力を高めていかねばなりません。

採用活動を通して、これから社会に出ようとしている学生と相対する企業側ができることはたくさんあります。

本書では、順を追って具体的な手法をお伝えしていきますが、それらの手法のベースには、若者を成長させるために、「企業の社会的責任」を果たしていこうというスタンスがあります。

言うまでもなく、新卒採用で出会うすべての人が自社に入社するわけではありません。採用基準に合わず不採用にする人もいます。他社を選び、選考を辞退する人もいます。

しかしながら、**他社に進んだ学生のこれからの活躍や成長にも寄与できるタッチポイントが採用活動**です。短期視点では、無意味に映ることでしょう。しかし、長期視点では、意味のあることかもしれません。

事実、学生たちに本気で向き合う一連の選考プロセスが口コミで評判となり、次年度以降の候補者形成に生きる事例はたくさんあります。

たとえば、三和建設という会社があります。大阪に本社を構える創業75年超の中小建設会社です。２０１７年に「日本でいちばん大切にしたい会社」大賞の審査委員会特別賞を受賞したこの会社は、採用活動そのものの価値をブランド化する取り組み＝「リクルーティング・ブランディング」を実践し、中小建設業にもかかわらず、採用倍率は20倍、内定辞退者ゼロ（２０１９年４月入社は内定者15名、15名入社）という成果を生み出しています。

三和建設は、新卒採用のキーワードを「理念共感」と「成長型選考」とし、１人１４０時間の5段階選考を行なっています。「もはや選考というより社会人になるための研修と言っていいかもしれない」と社長は述べています。

選考プロセスでは、会社が学生を見極める以上に、「学生が会社をどう見極めるのか」という観点を重要視し、学生が自ら答えを見いだし、決意を固めるサポートだけに専念していると言います。たとえ三和建設に入社しなくても、学生にとっては自らの仕事観を明確化できるため、この一連の選考プロセスが口コミで評判となって、次年度以降の候補者集団形成につながっているというのです（参考文献：『人に困らない経営～すごい中小建設会社の理念改革～』）。

ギブ・アンド・ギブの精神で、未来ある若者たちに種をまき、水をまくこと。いい人財を採用できるのみに留まらず、**競争力のある会社となるための行動指針**です。いつまたご縁の花が咲くかはわかりません。すぐの見返りを期待せずに、ギブをし続ける採用活動についてぜひ考えてみてください。

「インターンシップ」での注意点

企業側は、採用活動を〝選考の場〟というより、社会人になるための〝教育の場〟というスタンスを持つべきです。

その施策の1つに「インターンシップ」があります。

２０２５年卒からは、一定の条件を満たすことで、インターンシップで得た学生情報を採用活動に活用できるようになりました。インターンシップが採用に直結することになるわけです。

今やインターンシップ実施予定企業は増え、現在7割を超えています。「リクナビ」「マイナビ」「キャリタス就活」の主要インターンシップサイトの掲載数は延べ約2万社となり、これは過去最大の掲載企業数です。インターンシップから採用につなげようと、積極的に実施する企業が従業員数、業界問わず、70%を超えてきています（出典：ディスコ「２０２４年卒・新卒採用に関する企業調査〈中間調査〉」２０２3年7月調査　https://www.disc.co.jp/wp/wp-content/uploads/2023/07/2024_chukanchosa_k.pdf)。この動きは過去４年（２０２０年以降）で顕著です。

学生側も、第1志望とする業界について志望するに至ったきっかけが「インターンシップや仕事研究プログラムに参加して興味を持った」が半数を超え、「自己分析の結果、自分に向いていると思った」「合説・ＷＥＢ合説で話を聞いて興味を持った」といった他項目と比較して圧倒的に多くなっています（出典：キャリタス就活　２０２４

「学生モニター調査結果〈２０２２年12月発行〉 https://www.disc.co.jp/wp/wp-content/uploads/2022/12/202211gakuseichosa_kakuho.pdf)。

大学3年生の秋という時期に学生がこだわる企業選びのポイントは、「社風・人」「仕事内容」であるため、インターンシップは学生側にとっても意義のある機会です。

一方で、インターンシップに参加することで仕事内容を「十分な理解につながらなかった」とする回答も全体で43・6%と少なくありません。「5日間以上」のプログラムでは「十分理解できた」が73・0%に上るなど、参加日数別による違いも見られます（出典：キャリタス就活 ２０２４「学生モニター調査結果」〈２０２３年3月発行〉「インターンシップ等に関する特別調査」 https://www.disc.co.jp/wp/wp-content/uploads/2023/04/internshipchosa_202304.pdf)。

「複数日程のインターンシップを実施するのは理想だが、それがすぐには難しい」という事情もあるでしょう。その場合は、短時間でも社員との接点を増やす工夫があるかどうかがポイントです。

社員との接点が「ほとんどなかった」ものにおいては、「大変満足」は12・0%にとどまるという結果がその理由です（出典：キャリタス就活 ２０２４「学生モニター調査結果」〈２０２３年３月発行〉「インターンシップ等に関する特別調査」 https://www.disc.co.jp/wp/wp-content/uploads/2023/04/internshipchosa_202304.pdf)。インターンシップ中にどの程度社員と接点を持つことができたかどうかが、満足度に大きく影響していることがわかります。

だから、採用をなめてはいけない――第１章のまとめとして

この章の最後に、第1章でお伝えしてきた内容を改めて整理します。

「あなたの会社の採用がうまくいっていない理由は何ですか？」の質問に対する回答で、採用できない本当の理由がわかります。

採用できない理由を外に求めているようであれば、その思考のクセは直ちに治す必要があります。採用がうまくいっている会社もあります。採用がうまくいかない理由をこれまでの自社の取り組み方に求め、改善することがすべてのスタートラインです。

大きく飛躍する企業は、「始めが大事」と捉え、実践しています。その始めとは「採用」です。

採用は失敗してはいけません。組織に与える影響が大きいからです。そのため、時代の変化を捉え、事業をさらに展開していくためには、「優秀な人財の定義」を正しく定めることが重要です。

また採用を失敗してはいけないのは、組織に与える影響が大きいからだけではありません。採用の失敗は採用した人に対しても傷を負わせることになるからです。

だから**採用活動は、勉強も探求もせずに、感覚でやるものではありません。**採用に対するテキトーな姿勢は、ジワジワとボディブローのように将来に悪影響を及ぼすことになります。

いい人財からも、お客様からも、地域社会からも、価値のない会社という烙印(らくいん)を押されてしまう危険性があります。

一方で本気で向き合う採用活動が評判となり、安定的に優秀な人財採用につながっている例もあります。すぐの見返りを期待せず、「企業の社会的責任」を果たすことこそ採用活動のあるべき姿です。この姿勢を示すことが、遠回りでなく、安定的に優秀な人財を採用することにつながります。

第2章

いい採用ができない会社の5つの理由

いい採用ができない会社の5つの理由

第1章では、採用の失敗は思っている以上に大きな影響があることを解説しました。そのためにも、いい人財を集め、見極め、つかまえ、離さない必要があるわけです。

長年、採用活動のコンサルタント現場に携わっているなかで、いい採用ができない会社に共通する理由が浮き彫りになってきました。

その理由を分類すると、大きく5つあります。

①（採用活動を）片手間でやっている。

②（いい人財が採れないことを）他責にする。

③（求職者である）相手を知らない。

④採用マーケットを知らない。

⑤（採用活動の）計画性がない。

どれか1つでも引っかかるものがあれば、いい人財を採用し続けることは不可能です。

その理由がなぜ問題なのか、どんな弊害が起こり得るのか、どのように解消して（思考を切り替えて）いけばいいのか。

5つの理由それぞれについて、事例を交えながら詳しく解説していきます。

ダメ採用は、ダメ営業？

ダメ営業マンは何が間違っていたのか？

採用活動は、まさに営業、マーケティング活動そのものです。

私は、営業・マーケティングのコンサルタントとして、年間250回以上、現場指導を行ない、これまでに数多くの営業組織を目標達成に導いてきました。

その経験則でわかっていることがあります。

それは、営業活動は正しく実践しさえすれば、目標は達成できる、ということです。

逆の言い方をすれば、目標が達成できないということは、誤ったやり方で営業活動をしている、ということです。いくら頑張っていたとしても、そもそものスタンスが間違っていたり、努力の方向がズレていたりすれば、狙った結果を得ることはできません。

なぜ、そう断言できるかと言えば、私自身が過去にそうだったからです。

今でこそ、営業と採用のコンサルタントとして、新入社員研修、若手向け研修、マネジャー向け研修など全国を駆け回って実施している私ですが、実は隠したい過去があります。

それは、ダメ営業マンという過去です。ビジネス書にはこの類いのエピソードはあるあるネタでしょうが、事実ですから仕方ありません。

私は、目標を達成できず、毎週の営業会議で怒鳴りつけられ、まわりから憐れみの表情を浮かべられ、社内に居場所のない営業マンでした。

仕事はやっていました。決してサボってはいません。ブラックと言われるほど、長時間働いていました。会社に寝泊まりすることも一度や二度ではありませんでした。昔からの友人の結婚式への出席も断って、休日出勤もしていました。

それでも、私はダメ営業マンでした。

営業の役割は、「会社から与えられた目標を最低でも達成させること」です。いくら働いても、結果を出さなければ、役割を果たしたとは言えないのです。

営業としての役割を果たせない私は、周囲からの冷たい視線に耐えきれなくなり、精神的に追い込まれ、出勤途中に体調不良に襲われる日々が長く続きました。

今、この文章を書きながら、その当時のことを思い起こしていると、目の前が暗くなります。光の見えない、まさにどん底にいました。

転職活動をしようと転職エージェントに登録し、カウンセリングを受け、実際に紹介もしてもらいました。

しかし、応募はしませんでした。

いや、「応募できなかった」と言ったほうが正確でしょう。

自信を失っていた私は、これ以上自信を失いたくなかった。これ以上自分を否定されたら、生きていく自信も失ってしまう、そんな生存本能が働いていた、そう今では思います。

ダメ営業マンも、採用に苦戦している人も、変われる

とにかくあの頃は、出口の見えないなか、もがき、苦しみ、声にならない声を出して気が狂う寸前でした。

しかし、私は今、コンサルタントをしています。

当時のことを知る誰もが不思議がっていることでしょう。

「なぜ、あの酒井がコンサルタントをしているのか」

訝(いぶか)しい表情が目に浮かびます。

人は変われるのです。

資質とか、才能とか、天性とか、関係はありません。営業活動は正しく実践しさえすれば、目標くらいは達成できます。

採用活動も同様です。

採用がうまくいっていないのは、正しく活動していないだけです。

ダメ営業だった経験があるからこそ、「売れる営業パーソン」と「売れない営業パーソン」との違いが私にはわかります。

採用活動は、営業、マーケティング活動そのものです。

採用を成功させるには、「売れる営業パーソン」と「売れない営業パーソン」との違いを知ることから始まります。

あなたや貴社が採用に苦戦しているとしたら、かつての私のように「売れない営業パーソン」になっているかもしれません。

この章では、売れる営業パーソンと売れない営業パーソンとの違いをもとに、「うまくいく採用」と「うまくいかない採用」との基本的な違いを掴んでいただきます。

「片手間でやっている」から、うまくいかない——いい採用ができない理由①

片手間でやっているかどうかの基準

売れる営業パーソンと売れない営業パーソンとの間には、いくつかのシンプルな違いがあります。

その1つ目は、**費やしている「時間」の違い**です。

売れる営業ほど、やっている活動があります。それは、営業活動です。拍子抜けするような話ですが、事実ですから仕方ありません。

今、振り返ると、売れないダメ営業だった頃の私は、単純に営業活動に割いている時間が圧倒的に足りませんでした。

毎日朝から晩まで、定時の時間内では処理し切れないほどのタスクに追われていました。求人票作成、求職者面談、シフト表作成、契約書作成などなど、日々やるべきことは盛りだくさん。常に手帳にはタスクの書かれた付箋が貼られ、優先順位をつけながら、処理することに追われていました。

終業時間は22時があたりまえ。終電で帰ることもしばしばの状態。目の前のタスクを片付けなければ、営業活動に出かけることができない、そんな状態でした。

私がダメ営業だった一番の理由は、営業活動がそれらのタスクの片手間で行なわれていたからに他なりません。

当社が民間企業における営業従事者３３６０名を対象に行なった「日本の営業実態調査２０１９」によると、１日４時間以上、社内業務に時間を取られている人が21・4％いるという結果が出ました（出典：株式会社アタックス・セールス・アソシエイツ http://attax-sales.jp/wp/wp-content/uploads/NewsRelease20190423_AttaxSalesAssociates.pdf）。

営業職の仕事とは、お客様の課題を引き出し、それを解決するための方法を考え、提案することです。そのためには、お客様のことを正しく知らなければなりませんし、良好な関係を築く必要があります。

良好な関係は一度お会いしたからといって、すぐに築けるものではありません。営業パーソンの行動により、お客様は信頼できる営業パーソンか否かを判断し、信頼できる営業パーソンに仕事を依頼するものです。一度の接触でお客様を虜にするような魔法を使える営業パーソンでない限り、それ相応の時間と労力は必要です。

私は魔法の使える営業ではありませんでした。営業成績は常に不安定。目標を達成する月もあれば、そうではない月もある、そんな状態でした。

いい人財を安定的に採用できる会社と、そうではない会社との違い。

それは、そんな営業と同じく、「時間」です。

いい人財を採用できない会社は、採用活動を片手間でやっているのです。

大企業のいい採用ができる理由は、知名度以外にある

リソースの限られている中小・ベンチャー企業では、採用担当者は専任ではなく、教育研修、人事制度・労務、総務などの他業務と兼任となっているケースが多く見受

けられます。

中小企業庁の「２０１５年版 中小企業白書」によると、採用専任担当者がいる中小企業は全体のわずか５％程度。その他の中小企業は、社長、人事担当者、各部門の責任者が日々の業務と兼任しています（出典：中小企業庁「２０１５年版 中小企業白書 第2節 中小企業・小規模事業者の人財確保・定着」https://www.chusho.meti.go.jp/pamflet/hakusyo/H27/h27/html/b2_2_2_1.html）。

一方で、リソースが豊富な企業では、1年を通して、採用担当者を専任に据えています。専任ということは、**毎日、朝から晩まで、年がら年中、採用のことを考えている人間がいるわけです。**

営業部門が存在する会社は多いことでしょう。中小企業であっても、売上をつくる役割を担う部門が存在します。営業部門があるということは、目標が達成しているかどうかは別にして、年がら年中、営業のことを考えている人間がいるということです。

あなたの会社がいい採用をできていないとしたら、年がら年中、採用のことを考えている人間がいるかどうかということです。

もし管理部門の社員が４人いるとしたら、そのうち朝出勤してから夕方に退社するまで、ずっと採用のことを考えているでしょうか?

もしいないとしたら、問題は明白です。

ズバリ、そもそも費やしている時間と労力が足りていません。**かけている時間と労力の差が、採用結果に表れているだけ**のことです。

人手不足が慢性化している中小企業では、1人の社員が複数の業務を兼任することは決して珍しいことではありません。しかし、限られた時間のなかで日々の業務と採用活動を両立させることは難しいものがあります。

大企業が採用できるのは、知名度があるからだけではありません。専任の採用担当者や採用チームを結成し、十分な予算を割り当てて取り組んでいるからです。

いい採用ができる中小企業にあって、いい採用ができない中小企業にないもの

あなたの会社は、5年前と比べてどうでしょうか? 4年前と比べてどうでしょうか? 3年前と比べては? 2年前とは? 去年とは?

採用の仕組み、プロセスを見直し続けていますか？
採用のスキルはアップしていますか？

変わっていなければ、差はどんどん開いていく一方です。

社員が50名以下の会社でも、採用の専門部隊をつくっている中小企業がいくつもあります。採用専任の担当は置けないまでも、管理部門と現場部門とで採用チームを組成して成功させているケースもあります。やはりそういう中小企業は、いい採用ができています。大手企業の内定を蹴ってでも、入社してくる人もいます。私のコンサルティング先の半数は、採用専任担当者がいない会社です。それにもかかわらず、すべての会社があたりまえに採用できるようになっています。

今の売り手市場の中では、大企業だろうが中小・ベンチャー企業だろうが、片手間でやって、いい人財を獲得できるほど、簡単ではありません。

採用は、未来をつくる重要な仕事です。「売上」や「利益」ではなく、「採用」「育成」を中心とした計画をしっかりと立てることが本当の事業計画です。

「他責にする」から、うまくいかない
――いい採用ができない理由②

同じ商品でも売れる営業、売れない営業の違い

売れる営業パーソンと売れない営業パーソンのシンプルな違いの2つ目は、「商品への自信」です。

人材紹介会社時代、大学生に限定したアルバイト募集サイトを扱っている時期がありました。リクルートが運営する「タウンワーク」、ディップが運営する「バイトル」のようにテレビCMをしていませんので、企業にもユーザーにも当然知名度が低い情報サイトでした。

テレアポをしても飛び込み訪問をしても、聞いたこともないサービスへの反応はす

こぶる悪いものです。

「知らない」というだけで、相手は警戒感を抱きます。「本当にこのサービスに価値があるんだろうか？　お金を払っても大丈夫だろうか？」と。

アルバイト募集をしていて、「いい人財と出会いたい」と本気で思っている採用担当者でさえも、「知っている＝安心」という心理で判断します。

私は、自らの力で新規のお客様を開拓し、営業実績を上げていくことができないでいました。

一方、社内には、私のように売れない営業ばかりではありません。売れる営業は売ってきます。2倍も3倍もです。商品自体の機能は何も変わりませんし、売れる営業は過剰サービスをしたり、値下げをしていたわけでもありません。

では、その差はいったい何だったのでしょうか。

今、振り返ると、売れないダメ営業だった私は、商品への自信がありませんでした。

そして、売れない理由を商品のせいにばかりしていました。

「世の中に知られていない情報サイトなんて売れないよ」

心のどこかでそんなふうに思っていたのです。

この気持ちは、口には出しませんが、当然お客様には伝わるものです。

いくらテレアポしても、飛び込み営業しても、商談しても、「お客様にとって価値がある商品なんだ！」という確固とした想いがある営業パーソンとそうではない営業パーソンとでは、相手に与える影響は違うものです。

トップセールスマンの「商品への自信」に学ぶ「自社への自信」のつけ方

ここで、ある住宅メーカーのトップセールスを例に挙げます。

「家」というものは、ほとんどのお客様にとって一生に一度の買い物です。だからこそ、住宅メーカーの営業パーソンは、兄弟や親族にも勧められるぐらい商品に自信がないと、売ることができないと言います。

とは言っても、世の中には多くの住宅メーカーがあります。自社よりも性能のいい家を扱っている住宅メーカーは他にもあるはずです。自社が劣ってしまう部分も当然あるでしょう。

「それでもそんなに自社の商品に自信が持てるか」というと、「ん〜」と頭を抱えてしまう営業パーソンが世の中の大半でしょう。

しかし、そのトップセールスはこう教えてくれました。

「確かに、自社よりも優れている住宅メーカーはいくらでもあるよ。でも、世の中に完璧な商品など存在しない。**完璧を求めるのではなく、他社よりも優れている点がどこかを突き詰めて考えれば、おのずと自分の商品に自信が持てる**ようになるんだ」

このトップセールスの考えを採用活動に置き換えてみると、どうでしょう。

「確かに、自社よりも優れている会社はいくらでもあるよ。でも、世の中に完璧な会社など存在しない。**完璧を求めるのではなく、他社よりも優れている点がどこかを突き詰めて考えれば、おのずと自分の会社に自信が持てる**ようになるんだ」

他責にした瞬間に起こること

営業であれば、頑張っているのに売れない状態が続くと、ついつい自分以外のものに原因を求めてしまいたくなります。

採用においても、人が採れない状態が続くと、「うちの会社の規模だったら仕方ないよな」とか「認知度が低いうちみたいな会社なら、この程度だよな」とか「今は売り手市場だから」とか、ついつい思いがちです。

そのほうが単純にラクだからです。考えなくて済むからです。

でもそこで止まっていたら、物事は何も進んでいかないことは、聡明なあなたならおわかりでしょう。

他責にした瞬間、思考は止まります。成長も止まります。

しかし、自責にした瞬間、思考は蘇（よみがえ）ります。成長が始まります。

望む結果が出ていないということは、自分たちがやるべきことが十分にやれていないだけです。

「相手を知らない」から、うまくいかない

——いい採用ができない理由③

知らなければ、戦略も立てられない

売れる営業パーソンと売れない営業パーソンのシンプルな違い、3つ目は、「相手を知らない」ということです。

営業という仕事は、突き詰めていくと、「お客様の問題を解決する仕事だ」と私は考えています。

お客様の【あるべき姿（＝ありたい姿）】に対して、そうなっていないという【現状】があれば、そこに【ギャップ】が存在します。

たとえば、行きたい場所が【札幌】であるのに対して、現在地が【東京】であるな

らば、そこに【ギャップ】が存在します。直線距離にして、約832kmのギャップです。

このギャップを埋めることが、すなわち解決すべき【問題】です。その問題を自力で解決できるなら、他人の力は必要ないわけです。

しかし、自力で解決できない場合、そこには何らかの【課題】があります。

課題とは、問題解決（＝ギャップを埋めること）のために取り組むべきテーマと言えます。自力で東京から札幌に行けないとしたら、そこには何らかの【課題】があるはずです。

課題は、たとえば「飛行機で行く資金がない」とか「資金はあって予約もしてあったんだけど、大雪の影響で欠航になってしまった」とか。

仮にあなたが旅行代理店の営業なら、そういった状況のお客様にどう対処するでしょうか？

札幌に着きたい時間も把握したうえで、解決策を提示しなければなりません。

時間に余裕があれば、「東北・北海道新幹線のはやぶさ」と「JR特急」で行く方法を提示するかもしれません。天気予報を確認して天候の改善が予測できるなら、空港に留まって、運行再開してすぐの便を予約することを提示するかもしれません。

このように、課題を解決するには、プロセスが必要です。

まずは、そもそもの**【あるべき姿】を知る**ことがスタート。

そして、その次に**【現状】を知る**こと。

そうすることによって、自ずと二者間の**【ギャップ】を捉えられます。**

次に、このギャップを埋める**【期限】を知る**こと。いつまでにギャップを埋める必要があるのかがわかれば、手段の選択肢が限られてきます。

そして最後に行なうのは、その選択肢のなかから、最良の解決策を提案することとなります。

求職者について知っておくべきこと

この一連のプロセスのなかで、重要なキーワードは「知る」ということです。

あるべき姿と現状を「知らない」ことには話になりません。

期限を「知らない」と解決策を正しく提示することができません。

売れる営業パーソンは、お客様の【あるべき姿】【現状】【期限】をあらゆる角度からヒアリングします。お客様自身も言語化できず、気づいていなかったことをヒアリングすることで、顕在化させることもあります。

そして、お互いの認識を揃えたうえで、最良の解決策を提示するのです。

一方、売れない営業パーソンは、お客様の【あるべき姿】【現状】【期限】のすべてかいずれかをヒアリングできていません。

営業パーソンはこれらを言語化できません。そして、言語化ができていないにもかかわらず、提案してしまう。それでは、売れるはずがありません。

これでは営業とは言えません。これは営業ではなく、「売り込み」です。相手を知らずに、売りたいものを売る行為は、営業ではなく、売り込みです。

お客様の問題は何か？

お客様が解決すべき課題は何か？

その課題（ニーズ）に対して、解決策を提示し、価値があると認められれば、正当な対価をいただく。これが営業活動であり、企業活動です。

ここで認識を持っていただきたいのは、**採用活動も企業活動の一部である**ということです。

新卒学生が就職先に求めていることは何なのか？

中途の場合はどうだろうか？

就職活動において困っていることは何だろうか？

就職活動をするにあたって、どんな情報が必要なのだろうか？

たとえば、大手就職情報会社が調査した、「（求職者が）企業研究を行なう上で知りたい情報」のベスト5は、次のとおりです。

1位「実際の仕事内容」、2位「社風」、3位「給与水準・平均年収」、4位「他社と比べた強み・弱み」、5位「求める人材像」。近年注目が高まっている「柔軟な働き方の制度・実態」という項目は10位以内に入っていません（出典：キャリタス就活「2024「学生モニター調査結果〈2023年3月発行〉」https://www.disc.co.jp/wp/wp-content/uploads/2023/03/202303_gakuseichosa_kakuho.pdf）。

このような採用・就職関連の情報は、各就職情報会社が随時調査結果を発表しており、ネットで入手することは可能です。採用担当者や経営者は、これらの情報をこまめにチェックして、求職者のニーズや考え方を把握しておきたいものです。

採用するとは、目の前の学生や求職者の人生を「預かる」ことです。**相手の人生の目的を知り、自社に入社することで得られる価値とは何なのかを伝えることこそが採用活動**なのです。

情報は、待っていても入ってこない

また、トレンドとして求職者の思考を掴んでおくことも重要です。

20代が採用ターゲットであれば、20代の職業観、流行していることなどは押さえておくべきです。

就職情報会社が各種調査を定期的に発信しています。他にも「さとり世代」や「マイルドヤンキー」という流行語の生みの親である原田曜平さんの情報も参考になるかもしれません。

あえて若者が使っているアプリを使ってみたり、コミュニティを覗(のぞ)いてみたり、積極性を持って情報を取りに行かなければ、「知ること」はできません。

最近は、働く価値観も多様化しています。

たとえば、プロジェクト型のオンラインサロンに集まる人たちは、会費を払ってコミュニティに所属し、そこでクリエイティブなアウトプットを世に出しています。

つまり、お金を「もらって」働くという価値観ではなく、お金を「払って」働くという価値観なのです。

相手を知らずに、採用活動をしているとしたら、それはもはや「売り込み」になっているかもしれません。

「マーケットを知らない」から、うまくいかない——いい採用ができない理由④

「マーケットを知っている」とは、どういうことか？

売れる営業パーソンと売れない営業パーソンのシンプルな違い、4つ目は、マーケットを知らないということです。

売れる営業は、自社やターゲットとするお客様の業界を取り巻く外部環境の変化をしっかりと押さえています。

新聞や業界紙などのマスメディアの情報はもちろん、関係者からの裏情報などに常にアンテナを張り、**一次情報（＝事実）をもとに、二次情報（＝仮説）を持って、仕事をするのがあたりまえの基準**です。

採用活動においても、常にアンテナを張り、自社の活動に反映させていかねばなりません。

それでは、ここで問題です。以下は何を表すパーセンテージか、パッと答えられるでしょうか？

「14・9％」

この人数は、就職情報大手のディスコが２０２３年１月17日に公表した調査結果により明らかになった、２０２３年１月１日時点で内定を得ている大学生のパーセンテージです。

「えっ？　1月1日ってことは、卒業まであと3カ月くらいなのに14・9％しか内定が決まっていないなんて、そんなわけないだろ！」

そう思った方もいらっしゃるかもしれません。

はい、おっしゃるとおりです。卒業を3カ月後に控えた大学生（大学4年生や修士1年生）のうち、内定が決まっている学生は90％を超えていました。

「じゃあ、14・9％って？」

これは2024年卒の学生（大学3年生・大学院修士課程1年生）の内定者のパーセンテージです。

「えっ？　だって新卒の採用って、3月から広報活動開始だろ？　どういうこと？」

そうですよね、現行のルールで広報活動が解禁されるのは3月から。そして面接が解禁されるのは4年生の6月。

にもかかわらず、その1年半前に内定を得ている学生が「14・9％」もいるのです。ディスコの調査によると、2024年卒の内定率は1月1日時点で14・9％と2019年卒3・1％から大幅にアップしており、学生の就活の早期化が進んでいることを表しています。

採用のマーケティング

これは、あくまでも一例です。採用環境は年々変化し続けています。

2022年4月、「採用と大学教育の未来に関する産学協議会」は、2025年度

▼卒年度別1月1日現在（大学3年次）の内定の有無

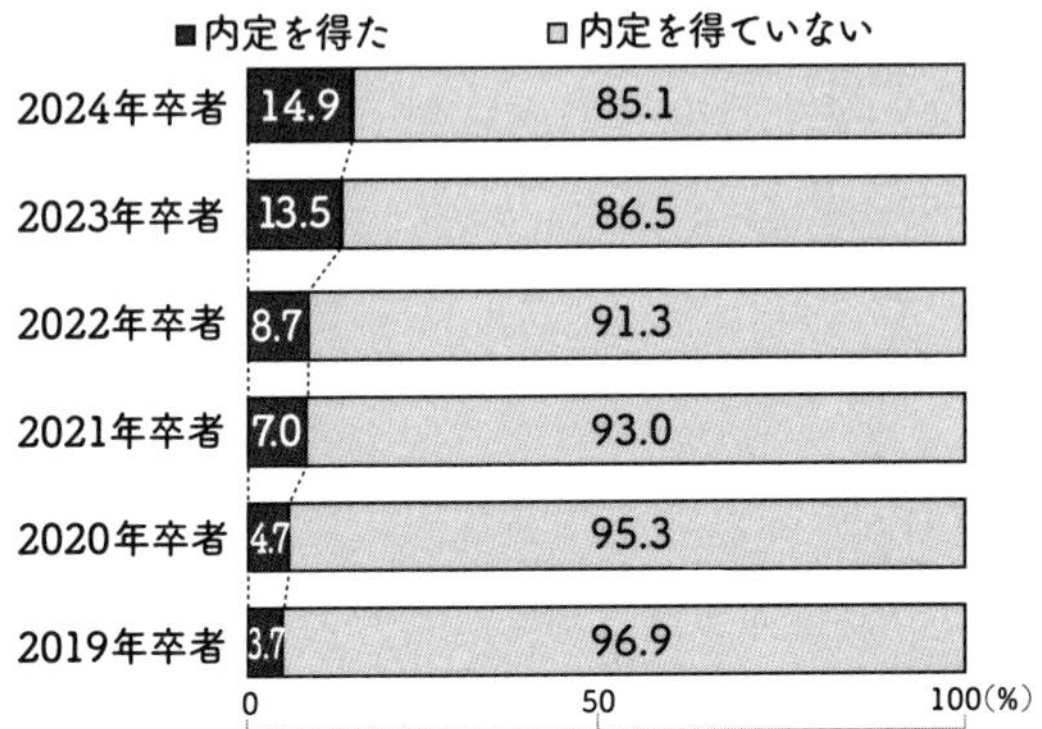

※「内定」には、内々定を含む
◆出典：キャリタス就活 2024「学生モニター調査結果〈2023 年1月調査〉」
（https://www.disc.co.jp/wp/wp-content/uploads/2023/01/202301_gakuseichosa_kakuho.pdf）を基に作成。

以降に入社する学生を対象に、インターンシップについて新たな定義を示しました。それを受けて、２０２２年６月、経済産業省・文部科学省・厚生労働省にて「インターンシップの推進に当たっての基本的考え方」が改正されました。

あなたは、インターンシップについて新たに定義されたことをご存じですか？「月刊総務」が行なった調査によると、「新たに定義されたことを知らない」が44・6％に留まるという結果でした（出典：「月刊総務」：インターンシップについての調査　https://www.g-soumu.com/articles/202304internshipquestionnaire#header1）。

この影響が今後どのように表れていくか、常にアンテナを張り、一次情報（＝事実）をもとに、二次情報（＝仮説）を持って、戦略を策定していかねばなりません。

採用は、マーケティングです。

マーケットから人財を確保する活動が、採用活動です。マーケットを知らない採用活動が機能しないのは至極当然のことです。マーケットにおいては、限られたパイの奪い合いが繰り広げられています。厳しさを増しています。

一次情報（＝事実）をもとに、二次情報（＝仮説）を持って、マーケットに戦いを挑んでいくのが採用活動です。

簡単に言ってしまえば、ちゃんとやらないと、採用できないということです。今までと同じやり方を続けている限り、うまくいかないのは当然のことです。

世の中の動きをもとに、抜本的な戦略を組み立て直すこと。

自社の戦況をリアルタイムで捉え、戦術を柔軟に変化させること。

マーケットで勝つためには、マーケットと自社の立ち位置を常に正しく知ることが不可欠です。

インターンシップの新たな定義については、採用と大学教育の未来に関する産学協議会発行の「産学で変えるこれからのインターンシップ～学生のキャリア形成支援活動の推進～」をご確認ください（https://www.keidanren.or.jp/policy/2022/039_leaflet.pdf）。

「計画性がない」から、うまくいかない——いい採用ができない理由⑤

「あたりまえ」になっているか？

売れる営業パーソンと売れない営業パーソンのシンプルな違い、最後の5つ目は、〝行き当たりばったり〟です。

売れるだけでなく、結果を出し続け、目標を達成し続ける営業パーソンには共通する点があります。

それは、「目標を達成させることくらい、あたりまえだ」という思考を持っていることです。この思考を「絶対達成マインド」と私たちアタックス・セールス・アソシエイツのコンサルタントは言っています。

人にはそれぞれ「あたりまえ」と捉えていることがあります。

会社にはいつも就業時間の1時間前に出社するという人もいれば、5分前に出社する人もいます。毎朝、自宅を出発する前には靴を磨くという人もいれば、特に何もしない人もいます。電車移動中は新聞やビジネス書を読むという人もいれば、スマホでゲームをする人もいます。

どちらがいいかはさておいて、「あたりまえ」と捉えていること、行なっていることは、人によって違うものです。

多くの人が共通して行なっている「あたりまえ」といえば、歯磨きがありますね。

「あたりまえ」になっているかどうかは、それをもし「やってはいけない」と禁止されたとき、どのような感情になるかで判別することができます。

では、もし「今日から3日間、歯磨きをしてはいけない」と言われたら、どんな感情を持つでしょうか?

……嫌ですよね。誰もがやらないと気持ち悪いという感覚を覚えるはずです。

そう思うのは、「あたりまえ」とは、無意識にでも繰り返してしまうほど、習慣化している動作や思考だからです。

パンツを穿くこと、スマホを見ることなど、すでに習慣化していることは、「やめろ！」と言われたら、困惑するしかないでしょう。

これと同じように、目標を達成し続ける営業パーソンには、「目標を達成しないと気持ちが悪い」という思考が染み付いています。

だから、目標未達成という状態を回避するべく、考え、行動します。

11時にお客様とのアポイントが入っていたとしたら、確実に間に合うように会社を出発する時間を逆算するでしょう。

この場合、目標は「11時にお客様先にいること」。その状態を絶対達成させるために、逆算して行動するのは、ビジネスパーソンなら「あたりまえ」でしょう。

実は、これと同じことを、目標を達成し続ける営業パーソンはやっているだけのことなのです。

採用のPDCAサイクル

採用についても同様です。

採用目標を達成させたいなら、現状から考えていては始まりません。**目標達成を前提に、期限から逆算する思考と行動習慣をインストールするべき**です。

第5章で詳しく解説しますが、採用プロセス全体を逆算設計する「パイプライン管理」のような仕組みがあれば、目標から逆算して、客観的にギャップを捉えることができるようになります。

仕組みとは、システムを入れることではありません。**定期的に振り返るコミュニケーションの場を設計する**ことが必要です。

営業ミーティングと同様に、採用ミーティングを定期実施し、PDCAサイクルを回すことは欠かせません（ちなみに、採用コンサルティングでは、2週間に1回のペースで90分間のミーティングをしています）。

採用担当に任せっきりにすることなく、組織内で採用目標に対する現状進捗（しんちょく）をチェックし、ギャップを埋めるアイディアを発散し、収束させる場が必要です。

そのような場が定期的に実施されていないのなら、改めるべきです。

しかし、ここで大事なことをお伝えしなければなりません。

それは、**「採用目標は、絶対達成する必要はない」**ということです。むしろ、採用目標は絶対達成しなければならない指標ではありません。それがどういうことか、その理由は、次の章でお話しします。

自社の採用活動を再チェック——第2章のまとめとして

この章では、採用がうまくいっていない会社の5つの特徴を挙げました。

①片手間でやっている
②他責にしている
③相手を知らない
④マーケットを知らない
⑤計画性がない

貴社の今までの採用活動において、これら5つのうちの1つでも当てはまる特徴がありましたか？

弱い部分、もっと力を入れたほうがいいことに気づくだけでもＯＫです。

売れない営業パーソンと同じ思考パターン、行動パターンになっていないかどうか、常にセルフチェックすることが大切です。

第3章

いい採用を実現させるために案外やっていないこと

「どんな人を採用するか」を決めていない

経営の問題の根源とは？

私の所属するアタックスグループは、１９４６年創業の経営コンサルティングファームです。「社長の最良の相談相手」として、税務会計から人財教育・営業力アップまで守りと攻めの支援をしています。

アタックスグループのなかにおいて私の役割は、現場に入って組織の目標を達成させるコンサルティングです。経営層の方々を中心に、多種多様なご相談をいただいています。

社員たちのやる気を高められないのは、自分のリーダーシップに問題があるのではないか?

社員たちが決めたことをやらないのは、自分のマネジメントに問題があるのではないか?

社員たちの生産性が上がらないのは、教育体制に問題があるのではないか?

社員たちが次々に辞めてしまうのは、評価制度に問題があるのではないか?


コンサルタントは、医者と同じ役割を果たさねばなりません。

医者の役割は、患者の病気を治すことです。

いい医者というのは、患者の症状を正しく掴み、適切な処置をします。当然、医者の手だけでは症状は改善しませんから、患者自身がなすべきことを的確に伝え、症状が改善するまでのシナリオを持って、その都度すべきことを提示します。

コンサルタントの役割は、相手の問題を解決することです。いいコンサルタントというのは、当事者の問題構造を正しく掴み、適切な処置をします。当然、コンサルタントの力だけで問題は解決しませんから、当事者自身がなすべきことを的確に伝え、問題が解決するまでのシナリオを持って、すべきことを提示します。

医者にしても、コンサルタントにしても、優秀な人間に共通するのは、問題解決の手順を踏んでいるということです。

まず、**「あるべき姿と現状とのギャップ」をはっきりとさせます。**

次に、**「どこに問題があるか？」を特定**させます。

その次に、**「なぜその問題が発生しているのか？」を掘り下げていきます。**

そうすることで、ようやく解決の方向性を見つけ出すことができるものです。

そのように手順を踏んでいくと、多くのケースにおいて、リーダーシップよりも、マネジメントよりも、教育体制よりも、評価制度よりも、根本に横たわる問題が浮上します。

それが**「採用基準」**です。

さらに踏み込んで言えば、**「採用する人を間違えている」**のです。

採用の質を下げても、お客様への提供の質は下げられない
――誰を採用するか①

質の優先度を下げる会社、増加中

コンサルティングに入ったある会社の話です。

この会社の最大の悩みは、営業職の離職率の高さでした。採用した人財が、すぐに辞めてしまうのです。営業職人財がいなければ成り立たないビジネスモデルのため、辞めていった分の人財は確保しなければなりません。

しかし、離職率は高いまま。そうなると、

「辞める」→「募集する」→「辞める」→「募集する」

を繰り返すこととなります。

結果、採用コストは、倍々ゲームのように膨れ上がっていきました。

そして、そうやって莫大な採用コストを投じて採用した人財が、悲しいことにすぐにまた辞めてしまうのです。

これって、何かがおかしいと思いませんか？

しかし、このような話はもはや珍しいことではなくなっています。

2024年卒マイナビ企業新卒採用予定調査では、採用における「質・量の優先度」に関する調査結果として以下の発表をしています。

「徹底して質」が大学（文系）で20・7％（前年23・9％から3・2ポイント減）、大学（理系）で18・8％（前年21・6％から2・8ポイント減）、大学院（理系）で20・9％（前年23・7％から2・8ポイント減）など、すべての分類で前年より減少。前年からの減少は22年卒から2年連続。

つまり、アフターコロナの採用環境の厳しさを反映して、質の優先度を下げる企業が増えてきていることが明らかです。

▼企業が考える、採用活動における「質・量」の優先度

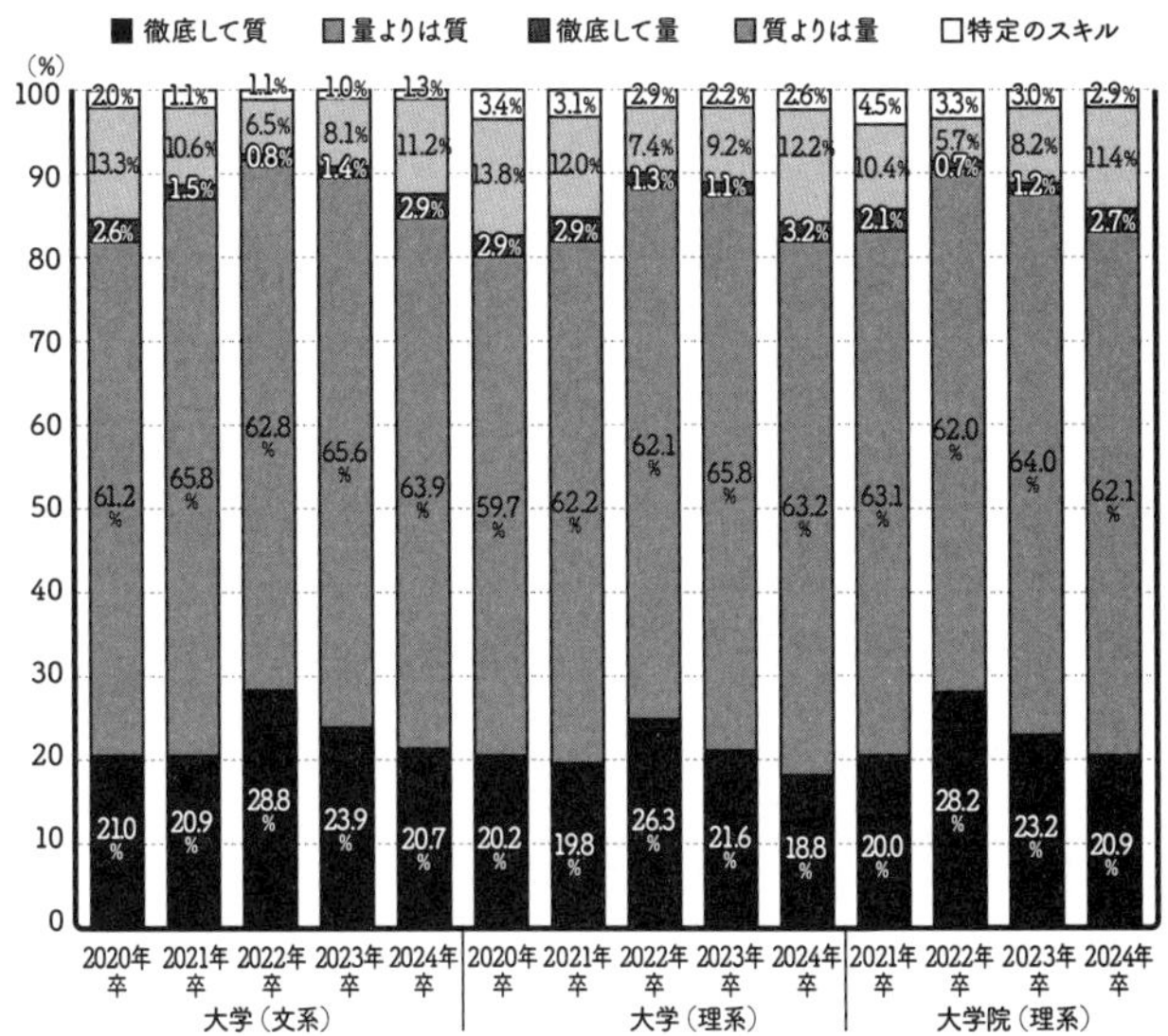

◆出典：「2024年卒マイナビ企業新卒採用予定調査」
（https://career-research.mynavi.jp/wp-content/uploads/2023/02/s-kigyouyotei-24-003.pdf）を基に作成。

採用するうえで、一番やってはいけないこと

組織の事情を考えると、「基準を落としてでも人財を獲得しなければならない」、そんな企業が多いのが現実なのでしょう。

しかし、

「採用するうえで、一番やってはいけないことは何か?」

と尋ねられたら、私はズバリこう答えます。

「採用基準を下げること」

なぜなら、採用基準を下げたとしても、自社がお客様に提供する価値基準を引き下げるわけにはいかないからです。

これまでの価値をひきつづき提供するのはあたりまえで、それ以上の価値を提供し続けることが企業の存亡にかかってくることは言うまでもありません。

そして、もし**これまでより低い基準で採用した場合には、これまで以上に教育とマネジメントが必要**になります。

しかし、いくら優れた教育システムやマネジメント手法があったとしても、後天的に引き上げられる能力と、そうでない能力があるのは、数々の調査データが示している事実です（これについてはのちほど詳しく解説します）。

先ほどの企業は、採用基準を下げた結果、「売れない営業」が増えていきました。人数は確保できたものの、付加価値を生み出せない人財を多く抱える状態となったというわけです。

だから、「採用目標人数は絶対達成を目指すべきではない」というのが私の考え方です。質を下げた採用は、組織を狂わせます。

安易に採用基準を下げると、組織は疲弊する——誰を採用するか②

「採用基準」を下げていいのは、この2パターン

「御社の採用基準は何ですか？」

初めてお会いした、ある中小企業経営者と採用に関する話題になったので、尋ねてみました。

「採用基準は、下げまくっています。段階的に下げていった結果、今の採用基準は、日本語をしゃべれることです。大げさな話でもなんでもなく、それくらいしないと人が集まらない……」

「いやー、本当にそうですよね。そして、採用基準を下げたからといって応募がある

わけでもないんですよね」

私は同調しつつ、次にこう言いました。

「でも社長、採用基準を下げてもいいのは、次の2つのパターンのいずれかです。

1つ目は、今後、お客様に提供する価値基準を下げるつもりでいること。

2つ目は、戦力化までの育成シナリオが万全にあること。

社長、御社の場合はいかがですか?」

採用基準を下げるかどうかは、入社後の教育をセットで考える

売上＝顧客数×単価×購買頻度です。

「○○のことだったら、御社だよね」とお客様に認識していただき、お金を払い続けていただくことが経営安定につながっていきます。そういったお客様がたくさん存在すればするほど、安定基盤ができます。

この安定基盤は、自社がこれまで提供してきた価値に満足していただいた結果とも

言えます。

企業は存続し続けなければなりません。それは社員のためであり、社員の家族のために。そのためにやるべきことは、お客様にご満足いただけるサービスの提供です。

これは原理原則だからでしょうか、私はこれまでに1つ目の「お客様に提供する価値基準を下げるつもりでいる」と言う経営者にお会いしたことがありません。

では、2つ目はいかがでしょうか？

「戦力化までの育成カリキュラムが万全に整備されていること」

どれだけ採用時に基準が低くても、本来の採用基準にまで引き上げ、さらに成長曲線を描ける育成カリキュラム、メニューが用意されているかということです。

日本のプロ野球においては、「育成選手制度」があります。支配下登録選手（原則上限70人）はペナントレース（公式戦）に出場できる一方、育成選手は、出場できません。

つまり、今は実際の現場に立たせる基準には達していないけれど、そのポテンシャルがあり、まさに育成していこうと、技能の錬成向上およびマナー養成を行なう対象が育成選手です。

企業が本来の基準を下回る人財を採用するということは、価値を提供するまでに育成を要することを意味します。

企業が採用基準を下げるということは、入社後の教育をセットで考える必要があるということです。

3つの覚悟があれば、採用基準を下げてもいい

つまり、基準を下げてでも採用する企業には、3つの覚悟が必要と言えます。

1つ目は、**育成する覚悟。**
2つ目は、**待つ覚悟。**
3つ目は、**芽が出ない覚悟。**

①育成する覚悟

1つ目の育成する覚悟とは、**コストを払う覚悟**です。

育成するとは、社内のリソースを対象者に投資するということです。金銭的コストだけでなく、既存社員の時間も費やすことになります。採用基準を下げなければ不要であったはずの教育やマネジメントの時間が必要となってきます。リターンを得るまでの時間的コストは無視できません。

さらに、数値では算出しづらい労力（精神的コスト）もかかります。

一人前にするためには根気が必要です。自身の業務をこなしつつ、育成するのは相当な根気が必要です。

採用基準を下げるからには、その覚悟が必要です。

②待つ覚悟

2つ目の覚悟は、待つ覚悟です。

少なくとも今までよりは時間を要することになります。求める基準にまで持っていくには、**時間がかかります。それまでは先行投資**です。

そんなことをやっている暇がない、余裕のない企業は待てません。財務的にも、時間的にも余裕があれば、育成期間として割り切れるでしょう。

その場合でも、いつまでを「育成期間」とするか定義づけし、期限から逆算した育成プログラムは必要でしょう。期限も定めずに、いつまでも待てるほど、ボランティア精神あふれる会社なら別ですが。

③芽が出ない覚悟

3つ目の覚悟は、芽が出ない覚悟です。

たとえ、期限を決めて先行投資しても**回収できないリスク**はあります。育成する覚悟があって、基準に達するまで待つ覚悟があっても、芽が出ないこともあります。「あらゆるコストをかけても回収できない」、その覚悟があるか、ということです。

採用基準を下げてもいいのは、

（1）お客様に提供する価値基準を下げるつもりでいること。

（2）戦力化までの育成シナリオが万全にあること。

このいずれかに該当し、（2）の場合であったとしても、

①育成する覚悟
②待つ覚悟
③芽が出ない覚悟

という3つの覚悟がある必要があります。

そうでない限り、安易に基準を下げて、採用することは組織を疲弊させることにもつながりかねません。

本来採用しなければ得られたリターンが奪われる可能性すらあります。

短期的視点だけではいけませんが、中長期的な視点に立って考えたとしても、**基準の低い人材を採用することにはリスクが伴います。**

誰をバスに乗せるか
――誰を採用するか③

行き先を決める前にやるべきこと

名著『ビジョナリー・カンパニー2　飛躍の法則』には、有名な一節があります。

偉大な企業への飛躍をもたらした経営者は、まずはじめにバスの目的地を決め、つぎに目的地までの旅をともにする人びとをバスに乗せる方法をとったわけではない。まずはじめに、適切な人をバスに乗せ、不適切な人をバスから降ろし、その後にどこに向かうべきかを決めている。

これは、採用すべき人を考えるうえで、非常に示唆に富んだ一節と言えるでしょう。

多くの会社、多くの経営者は、こう考えるのではないでしょうか？

「経営目標を達成させるためには、人財が必要だ。今の社内には、質的にも量的にも人財が不足している。だから人を採用しよう」

しかし、同書では、「まず考えるべきは、行き先を決めることではない。経営目標という行き先を決める前にやるべきことがあるだろう」と言っています。

「この人なら大丈夫、信頼できる」

「この人なら情熱があり、資質もある」

「どんなことがあったとしてもきっと一緒にやっていける」

そう思える仲間をまずは集め、組織を固める。そして、行き先はその後に考えようと。

「誰をバスに乗せて行きたいか？」を言語化する

このバスでどこに行くべきかはわからない。

しかし、わかっていることもある。適切な人がバスに乗り、適切な人がそれぞれふさわしい席につき、不適切な人がバスから降りれば、すばらしい場所に行く方法を決められるはずです。

旅行でもそうです。想像してみてください。あなたが、行く場所を決めて、「行きたい人」を募集をしました。本当に自分が一緒に行きたいと思っている人が手を挙げてくれなかったとしたらどうでしょう。それでもその旅行に行くことが前提だとしたら、行くしかなくなります。

そんな旅行、あなたは楽しいと思えるでしょうか？

まずは、一緒に行きたい人を決める。「その人と楽しめる行き先はどこだろう」と考えるのが、普通ではないでしょうか。

では、そもそも「誰をバスに乗せるのか」。

採用基準を下げてはいけません。

採用基準を明確に設定し、絶対にぶれないことです。

採用基準に満たない人財は、絶対に採用してはいけません。

まずは、一緒に働きたい人の特性や条件を言語化してみることが、採用活動のスタートラインです。

採用基準をどのように言語化するのか。その具体的なノウハウについては、第4章で詳しく解説します。

採用を妥協したらどうなるか？
——誰を採用するか④

採用後の教育でなんとかなる!?——私の失敗談を交えて

採用する人を妥協してはいけない——。

これは、私自身にも過去に苦い経験があります。

私が人生で最初に採用にかかわったのは22歳の4月。大学を卒業し、入社して1カ月目で、私が最初にやった仕事が採用業務でした。

入社した会社は、個別指導塾を複数教室展開していた会社。人がすぐ辞めるため、当時まさに人手不足だったその会社は、新卒入社したばかりの私をすぐに教室長にしました。研修も何もありません。あったとすれば、退職する前任教室長と行なった引き継ぎの1日だけ。

そんな状態で、つい最近まで学生だった人間が、よくわからないまま最初にやった仕事が採用業務でした。

私が担当することとなった塾に在籍する講師は、教室長を除く全員がアルバイト。その95％が大学生でした。

教育熱の高い住宅街に位置していた塾のため、生徒はたくさんいます。しかし、アルバイト市場は超売り手市場。なかなか募集をかけても応募がない状況でした。講師の頭数が揃っておらず、各講師への負担は増えるばかりという状況でした。

そこで、大手求人広告会社に募集記事を大々的に出したのです。運良くその記事を見て、2人の大学生が応募してきてくれました。とても優秀な大学に所属する2人の学生でした。

面接のやり方も何もわからない入社1カ月目の教室長は、わからないなりに、志望動機や長所・短所など、あれこれ質問をしました。今思えば、形だけの面接です。それぞれの質問には明確な意図はなく、ただ「これはお決まりで聞くものでしょ?」ということを思いつくままに尋ねるという感じでした。

結果、2人とも採用しました。

「う〜ん、どうしようかな」という迷いも正直ありました。

しかし、とにかく人が足りていない状況です。頭数を揃えることが先決。あとは教育でなんとかなるだろうと考えて、採用することを決めました。

「採用の失敗」のデメリットは、売上減だけにとどまらない

結論から言ってしまえば、この2人は採用すべきでなかったと今は言えます。

◎頭がいい分、できない子どもの気持ちがわからない。
◎自分のやり方を押し付ける。
◎生徒により態度が変わる。

以上のことから、生徒から人気を得られず、担当させていた生徒が続々と退会して

しまう事態となったのです。

評判は、退会した生徒が学校中に広めます。保護者は地域中に広めます。口コミというのは恐ろしいもので、「悪い塾」という評判はあっという間に広がっていきました。いったん、「悪い塾」という烙印が押されると、それを覆すことは容易ではありません。

まさに私は、そんな経験をしました。それもたった一度の採用の失敗によって……。

「人財」ではなく、「人手」の採用になっていないか？

人を採用するときには妥協してはいけません。しかし、妥協して人を採用する場面をこれまでにしばしば見てきました。

私自身の先ほどの例も含め振り返って考えると、それらには共通する状況がありました。

それは、**「人手不足で追い込まれている状況」**です。

私の塾時代の場合も、とにかく講師の頭数が揃わず、切迫していた状況でした。それ故に「不足を埋めないと回らないから」という動機の採用でした。

私以外の事例には、新規事業立ち上げや既存社員の突然の退職など、その背景はさまざまですが、共通するのは人手が不足していて、「今すぐにでも人を採用したい」という状況です。こういうときこそ妥協しやすいのです。

今すぐにでも調達したいというときの「人」とは、「人財」ではなく、「人手」という意味合いが強くなります。

気持ちが焦っているため、求める水準より多少低かったとしても、「まあ、いいか。教育でなんとかなるだろう」となりやすくなります。既存社員との相性に違和感があったとしても、「入社した後に何とかなるだろう」と目をつぶってしまいやすくなるのです。

これが妥協です。妥協以外の何ものでもありません。

追い込まれているから、気持ちが焦ることで、妥協してしまうわけです。

「人手不足穴埋め採用」のときには妥協してしまう危険性が高まる傾向があると覚えておいてください。

常に探し続ける

ちなみに、私ではありませんが、大学生のころクリスマス前に彼女を見つけて、年明け前に別れる男友達が3人いました。

今思えば、クリスマスに一緒に過ごす彼女がいないのは寂しいからと、追い込まれた気持ちで焦った結果、妥協したのでしょう（女性のほうもしかりでしょうが）。妥協するから、長続きしない。これは恋愛も採用も同じ失敗パターンでしょう。

では、どうすればいいのか。

それは、**追い込まれる前、余裕のあるときに採用活動を始める**ことです。足りなくなってからではありません。足りなくなると予想できた段階で早めに採用を始めるのでもありません。

常にいい人財はいないかと探し続けるのです。

人手不足というマイナスの状態をプラスマイナス0にする採用でなく、プラスマイナス0からプラスにする採用を通年でやり続ける企業こそ、いい人財を妥協することなく採用できます。

そもそも、これからの時代、「人手」はいらなくなっていくでしょう。なぜなら、「手」はAIやロボットでもコンピュータでも、テクノロジーの力で代用が十分可能になってくるのが時代の流れだからです。

そういう状況になる前に、**財産となるような「人」しか採用しない**という姿勢を持つべきと私は考えます。

あなたはどう考えますか？

いい人財を見抜く基準
——採用基準を設定する正しい方法①

採用要件を盛り込みすぎない

採用基準を下げてはいけませんが、必要な要件を盛り込みすぎるのもいけません。完璧な会社が存在しないのと同じで、**完璧な人財は存在しない**からです。

たとえば、求める経験やスキルと年齢層がアンマッチなケースをよく見かけます。実際にコンサルティングした会社では、中途採用において転職回数が2回以上ある人は対象外にすることを要件に人材紹介会社に推薦を依頼していました。

しかし、あるエリアでは一向に採用基準に合致した人財からの応募がない状況が続いていました。社長や採用チームメンバーと協議した結果、条件の緩和を決めました。

転職回数をそれまでの1回から2回への緩和です。

昨今、雇用の流動性が高まってきていること、やむを得ない事由による転職者も存在することを鑑みて、緩和したのです。

同エリアの他社求人も調査しました。その結果、競合となりうる企業に給与面で劣っていることを把握しました。自社の魅力をどう伝えるか、それを改善させ続けることを前提に、給与待遇面でも見直しを図りました。

その結果、長期間にわたり、採用ができず苦労していたエリアで、念願の採用が実現しました。「これまでの採用要件に固執していたら、採用できなかった人財ですね！」

入社決定後に、うれしそうに採用チームメンバーに話す社長の顔を、私は忘れられません。

その他にも、たとえば、以下の要件がすべて必須となっている場合は、本当に必須なのかを再考することを勧めます。

・自社で即戦力になる専門的な資格を所持していること

・同業種での就業経験があること
・プレゼンテーションスキルがあること
・論理的思考力があること
・性格が明るい、謙虚、忍耐強い

など、これらはMUST（必須要件）とWANT（歓迎要件）に分けられないかを再考するといいでしょう。

あまりにも多くの採用要件を盛り込みすぎると、応募が少なくなります。そうなると、少ない応募者のなかから選考せざるを得なくなります。

では、「採用基準を下げない」と「採用要件を盛り込みすぎない」という一見矛盾するようなことを、どのように両立させればいいのでしょうか。

ここでも、『ビジョナリー・カンパニー2 飛躍の法則』が重要な示唆を与えてくれます。

どういう人が「適切な人材」なのかを判断するにあたって、飛躍を遂げた企業は学歴や技能、専門知識、経験などより、性格を重視している。具体的な知識や技能が重要でないというわけではない。だが、これらは教育できるが（少なくとも学習できるが）、性格や労働観、基礎的な知能、目標達成の熱意、価値観はもっと根深いものだとみているのである。

人財の素質を見抜く2つのポイント

ポイントは2つです。

①先天的・後天的能力
②価値観

次の項目から順番に解説していきます。

「先天的・後天的能力」を見抜く
――採用基準を設定する正しい方法②

人間の意識レベルには5つの階層がある
――ニューロロジカルレベル

脳の取扱説明書とも言われる実践心理学NLP（神経言語プログラミング）では、人間の意識レベルを5つの階層に分類しています（スピリチュアルも含めると6つですが、ここでは5つとします）。

①アイデンティティ（自己認識）

②信念・価値観

③能力
④行動
⑤環境

それぞれの階層は、たとえば以下のように表現できます。

①アイデンティティ（自己認識）は、**「私は〜である」**
②信念・価値観は、**「私は〜という考え方を大事にしている」**
③能力は、**「私は〜することができる」**
④行動は、**「私はいつも〜している」**
⑤環境は、**「私は〜に所属している」**

それぞれのレベルは互いに影響し合い、各階層に変化があると、他の階層にも変化が現れます。

そのなかでも、**特に変化させるのがたやすくないのは、①「アイデンティティ（自己認識）」と②「信念・価値観」**です。

人そのものや価値観を外的な力で変えるのは非常に困難を伴うものです。

私は、企業の現場でコンサルティングや研修講師をしています。目標を絶対達成させる状態にしなければなりませんから、達成していない人を達成する人に変えることが仕事です。

しかし、人そのものやその人の価値観を変えるのは、簡単なことではありません。

人間というのは、過去の体験の「インパクト×回数」でできていますので、アイデンティティや価値観を書き換えるためには、相当なインパクト×回数が必要です。

しかし、私は人を変えることが仕事です。別の言い方をすれば、人を変えられなければ、仕事をしたと認められず、二度とオファーをいただけなくなります。

人の意識を変える手順――正しい「場」を設計する

では、どのように変えているか？

それは、ニューロロジカルレベルの下の階層から変えていきます。まず最底辺の⑤「環境」を整えることから始めます。環境は「場」とも言い換えられます。

人は周囲の環境や場に影響を受けやすいものです。まわりがやっていれば、自分もやらないとまずいと思い、実行します。逆にまわりがやらない場だと、自分もやらなくていいかなどと思ってしまうものです。

図書館に行ったほうが勉強が捗(はかど)るのは、まわりは勉強していて、スマホを見たり、ゲームをしたりする人がいないからです。たばこを1日に1箱も2箱も吸う人でも、禁煙の場所であったり、乗り物に乗っていたりするときは吸いたい気持ちはあっても止められるものです。これも場の力です。

つまり、**場ができていれば、行動は変えられる**のです。

ですから、その場にいる人があたりまえに行動すべきことをルールとして設定して、まずは行動してもらう。行動していればほめられる、行動していなければ叱るという場を設計します。

すると、行動をするのがあたりまえになり、その行動を繰り返していれば、やがてやるのがあたりまえ化していきます。つまり、習慣化していくわけです。

そして、行動を繰り返していけば、実力がついていきます。

つまり、行動により、過去にはできなかったことができるようになります。

このように能力は行動により、身につくものです。

【環境↓行動↓能力】ということです。

このマネジメント手法を「壁マネジメント」と言います。詳しくは『結果を出すリーダーほど動かない』（山北陽平・著）をお読みください。

コミュニケーション能力は、入社時には必要のない能力

これは、採用基準を設定するうえでとても重要なポイントです。

ここでお伝えしたい重要ポイントは、「能力は、のちの教育やマネジメントで引き上げられる」ということです。

入社時点で必ず持っていなければならない能力なのか。

それとも、入社後の一定期間教育・マネジメントを施すことによって、引き上げられる能力なのか。

採用基準を設定する際には、この切り口で整理することが重要です。

入社後の教育により、引き上げられる代表的な能力は、「コミュニケーション能力」です。

多くの企業で、コミュニケーション能力の高い人財が人気を集めています。第1章でもご紹介しましたが、経団連の「新卒採用に関するアンケート調査」で、選考にあたって特に重視した点の16年連続1位となっているのが、コミュニケーション能力です。面接選考が主流ですから、受け答えがしっかりしていたり、自身の言葉で話ができる人ほど評価が高くなるのは、ある意味仕方がないことです。

では、コミュニケーション能力は引き上げられないでしょうか？

答えはNOです。

いくら話すのが苦手な人でも、それはコミュニケーションをうまく取る方法を知らないだけの場合が多いものです。

「後天的に」伸ばせる能力は、採用基準から外す

人ができないことをできるようになるには4つのステップを踏みます。これを「学習の4段階」と呼びます。

①無意識的無能状態
②意識的無能状態
③意識的有能状態
④無意識的有能状態

④の無意識でもできるようになるには、①②③のステップを必ず踏んでいくものです。自転車を意識しなくとも運転できるのは、決して初めからではありません。

最初は運転の仕方もわからない状態（①）からスタートします。

運転の仕方を知ってもすぐに体は動きません（②）。
それなりにトレーニングを積み重ねていくと、なんとかできるようになります（③）。
いつしか何も考えなくても、体が勝手にバランスを取り、運転できるようになります（④）。

つまり、採用基準を下げてはいけませんが、入社後に鍛えて「後天的に」伸ばせる能力は今すぐに採用基準から外すのです。企業側に伸ばせる環境があること、伸ばす意思があるならば、採用基準から外すわけです。

よく「コミュニケーション能力が高い人歓迎」と記載している求人を見かけますが、あれは「うちの会社に入っても、コミュニケーション能力は高められませんよ。そういう教育はしませんからね」と公言しているようなものです。

当然何らかの事情で、入社時点で必要な能力はあるでしょう。それには、時間軸を分解して、必要となる能力を考えてみることをお勧めします。

いずれにしても、**教育によって伸ばせるもの、努力すれば伸ばせるものはあります。**
コミュニケーション能力、笑顔のつくり方などは、訓練次第でいくらでも伸ばせます。たとえて言うならば、英語がしゃべれないのは、単純に訓練が足りないからです。

いつまでにどの程度、活躍する人財を採用すべきか。この時間軸を持ったうえで、入社時に持っている「能力」については柔軟に考え、採用基準に設定すべきです。

採用後に、簡単に伸ばせる能力、伸ばすのに時間を要する能力

私は、採用コンサルティングだけでなく、支援先の新入社員から管理職まで幅広いビジネスパーソンに対して、教育やマネジメントをしています。その経験からすると、社内外のOJTやOFFJTを通じて適切に教育やマネジメントをすれば簡単に伸ばせる能力とそうでない能力があることを実感しています。

それらを分類すると、次のとおりです。

①適切に教育とマネジメントをすれば、比較的簡単に伸ばせる能力

◎やりきる力……目標を達成させるために立てた仮説を、具体的な計画に落とし込

み、実行していく力。

◎顧客対応力……顧客に対し、積極的に信頼関係を構築し、新たなニーズを喚起する力。

◎計画組織力……部下や組織を有効に活用し、効率的・効果的に組織を運用する能力。

◎当事者意識……主体的に意思決定し、自分・チームに何が求められているか察知する意識。

◎ヒューマンスキル……コミュニケーション能力、感受性、コーチング能力などの対人関係スキル。

②時間を要するが、適切に教育とマネジメントをすれば、伸ばせる能力

◎コミット意識……目標とギャップを常に意識し、目標を達成させるための行動を行なおうとする意識

◎仮説立案力……目標達成を阻害する要因を発見し、達成するための仮説を構築する力。

◎**長期的思考**……安定的に目標を達成するために、長期的な視野を持って行動する力。

◎**問題発見力**……目標と現状とのギャップや、本質的な問題、組織の課題を形成する力。

◎**優先度設定**……業務の重要性を考慮して、処理すべき案件の順番を考える能力。

いずれも伸ばせる能力ですが、総じて、①に分類されるものは、「守破離」における守るべき型を基にトレーニングを繰り返せるものと言えます。

『The Science of Dream Teams』（Mike Zani、McGraw-Hill、２０２1年、未邦訳）にも、伸ばせる能力と伸ばしにくい能力の分類があります。私の経験を振り返っても納得感のある分類です。採用基準を設定する際の参考にしてみてください。

▼伸ばせる能力、伸ばしにくい能力

比較的簡単に 伸ばせる能力 Relatively Easy to Change	時間を要するが 伸ばせる能力 Harder but	伸ばすのが とても難しい能力 Very Difficult to Change
リスクを取る Risk taking	判断力 judgement	答えのない問いの答えを探し続ける Intelligence
最先端をいく Leading edge	戦略的能力 Strategic skills	複雑な情報や問題を分析する Analytical skills
教育する Education	何が実用的かを意識する Pragmatism	新しいアイデアや概念を生み出す Creativity
経験する Experience	過去の成果 Track record	概念を構造化する Conceptual abilith
組織／計画を立てる Organization/planning	機転を利かせる Resourcefulness	誠実で正直な態度や行動をする Integrity
自己認識する Self-awareness	あらゆる行動に高い基準を持っている Excellent standards	自信に満ちた態度や行動をする Assertiveness
口頭でコミュニケーションする Communication-oral	自律的である Independence	リーダーの右腕となる Inspiring followership
文章でコミュニケーションする Communication-written	ストレスを管理する Stress management	活動的でエネルギッシュである Energy
第一印象を良くする First impression	順応性がある Adaptability	情熱的である Passion
顧客志向で考える Customer focus	好感度がある Likability	野心がある Ambition
社内外の調整をする Political Savvy	傾聴する Listening	困難や挫折に対して粘り強く立ち向かう Tenacity
Aクラス人財を見極める Selecting A player	チームプレイをする Team player	
B/Cクラス人財を見極める Selecting B/C player	交渉する Negotiation	
コーチングする／トレーニングする Coaching/training	説得する Persuasiveness	
目標設定する Goal Setting	チームをまとめる Team builder	
権限委譲する Empowerment	チームの変革を推進する Chenge leadership	
業績管理をする Performance manegement	多様性を尊重する Inclusivity(diversity)	
ミーティングを進行する Running meetings	対立を建設的に解消する Conflict management	
ニーズをすり合わせる Compatibility of needs	共感性の高い目標を設定する Credible vision	
	バランスの取れた生活をする Balance in life	

◆出典：『The Science of Dream Teams: How Talent Optimization Can Drive Engagement, Productivity, and Happiness』を基に作成。

「価値観」のマッチングを重視する
——採用基準を設定する正しい方法③

教育しても変えられないもの

先の項目でお伝えしたとおり、コミュニケーション能力など、入社後の教育によって伸ばせるもの、努力すれば伸ばせるものがある一方、なかなか変えられないものがあります。

それが、「アイデンティティ」と「信念・価値観」です。

生まれて数十年もの年月を経て、身につけてきたものが「自分は何者か」というアイデンティティであり、「大切にしている」信念、価値観です。

これらは、簡単に変えられるものではありません。

いくら教育したとしても、無理なものは無理なのです。

少し話は変わりますが、司法統計によると、離婚の申し立て理由で男女ともにダントツの1位なのは、「性格が合わない」ということのようです。男性の6割、女性の4割が「性格が合わない」を理由に離婚しているとのこと。そもそも生まれも育ちも違うわけですから、性格が違うのは当然です。しかし、生活を共にすると、性格の不一致は、積もりに積もって大きなストレスになるものです。

話を戻しますが、採用基準の設定においても、**「性格のマッチング」「価値観のマッチング」は、非常に重要なファクターの一つ**です。

絶対に外せない採用基準

会社にも性格というものがあります。

企業規模や給料などが「外見」の情報とするならば、経営理念、ミッション、ビジョン、そしてどんな社員がどんな理由で働いているのかといった情報は、その会社の「性格」を表します。

まさに、これまでに事業を展開してきた歴史のなかで大切にしてきた考え方、価値観です。こういった**自社の価値観に合う人財かどうかは、外せない採用基準**と言えます。

採用は結婚と同じです。互いに外見だけで選んでいたら、長続きしないことでしょう。

新卒学生が就職先を決める際のポイントについては調査機関によりさまざまな結果が公表されています。そのなかで、ディスコの調査結果では、就職先企業を最終的に決めた理由のトップは、「社会貢献度が高い」(30・0%)となっています。

就職先の決定においては、会社ホームページ、説明会、選考、社員とのかかわりなどを通じて、自分自身に合っているかを総合的に判断するものです。

その判断材料のなかでも、**「社会貢献度が高いか低いか」**がトップというのは、どういうことか。

つまり、自身の価値観と企業の価値観が合っているかどうかを重視する傾向にあると言えるでしょう。

▼新卒者が就職先企業を最終的に決めた理由

(%)

2021年卒		2020年卒		2019 年卒	
社会貢献度が高い	30.0	社会貢献度が高い	29.4	社会貢献度が高い	31.8
将来性がある	28.5	給与・待遇が良い	27.0	将来性がある	30.4
職場の雰囲気が良い	26.5	将来性がある	26.0	職場の雰囲気が良い 2	5.4
給与・待遇が良い	25.9	仕事内容が魅力的	25.8	給与・待遇が良い	25.3
福利厚生が充実している	25.5	福利厚生が充実している	24.6	仕事内容が魅力的	25.3
大企業である	23.6	有名企業である	22.5	福利厚生が充実している	24.1
仕事内容が魅力的	23.1	職場の雰囲気が良い	22.4	有名企業である	23.5
有名企業である	21.2	大企業である	22.4	希望の勤務地で働ける	23.5
希望の勤務地で働ける	20.1	休日・休暇が多い	19.6	大企業である	22.3
業界順位が高い	19.4	希望の勤務地で働ける	19.5	世の中に影響力が大きい	18.8

◆出典：ディスコ「就活生の企業選びとSDGsに関する調査 2020年8月」
（https://www.disc.co.jp/wp/wp-content/uploads/2020/09/sdgsshu_202008.pdf）を基に作成。

▼企業の社会貢献度を判断する要素

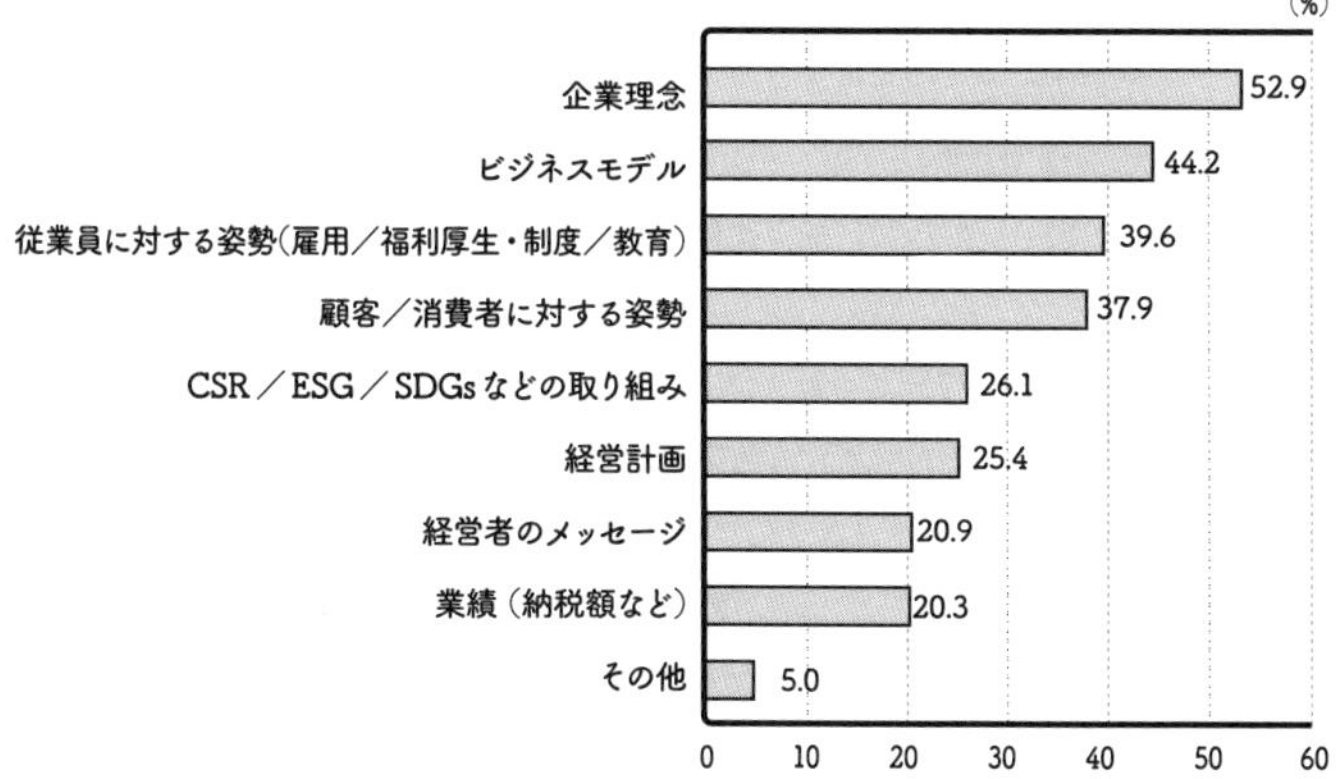

◆出典：ディスコ「就活生の企業選びとSDGsに関する調査 2020年8月」
（https://www.disc.co.jp/wp/wp-content/uploads/2020/09/sdgsshu_202008.pdf）を基に作成。

なぜなら、社会貢献度は、企業規模や給料などの「外見」情報ではなく、経営理念、ミッション、ビジョン、社員行動指針などの「性格」情報だからです。

「価値観と価値観とのマッチング」こそ、真のマッチングです。

転職者も、今の勤め先の考え方ややり方が合わなくて、新しい環境を求めているケースが多いため、転職先を「性格」で選ぼうとする傾向が強くあります。

価値観が合う人を採用する
——第3章のまとめとして

自社の採用基準に満たない人は絶対に採用してはいけません。

採用人数は妥協しても、採用基準は妥協してはいけません。

「日本でいちばん大切にしたい会社大賞」を受賞するような会社の採用基準は、経営理念や社風に合った人財かどうかです。

まったく違う価値観を持つ人を採用して組織運営をするのは大変です。「金で雇われた兵士」と「志を持った兵士」とが戦ったら、どちらが勝つかということです。

傭兵（※）ばかりの集団では、勝ち続けることはできません。
※金銭などの利益により雇われ、直接に利害関係のない戦争に参加する兵。
「経営理念」という共通の目的や価値観を掲げ、これに共感する人を集めること、そして、組織にしっかり浸透させねば勝てません。

共通の志を持って戦ってくれる人財を採用しましょう。

家族だけで経営するなら、「理念経営」はいらないでしょう。しかし、血のつながりのない他人を入れるとしたら、価値観に共鳴できる人を採用しなければなりません。

価値観の合わない人財を採用してしまうと、社内に不協和音が生まれます。

採用がうまくいっている企業は、経営者、経営幹部自らが人財採用の先頭に立ち、価値観のマッチングを行ない、求める人財を獲得しています。

ドラッカーも著書『非営利組織の経営』のなかで、組織と個人の価値観のマッチングについて述べています。

得るべき所はどこかとの問いへの答えが、いま働いている所ではないということであるならば、次の問いは、それはなぜかである。組織の価値観に馴染めないからか。組織に緊張感がないからか。そのようなとき人は確実にだめになる。組織の価値観が自らの価値観に合っていないならば、人は自らを軽く見るようになる。（中略）組織が腐っているとき、自分が所を得ていないとき、あるいは成果が認められないときには、辞めることが正しい道である。

この本を監修している坂本光司先生の著書『日本でいちばん大切にしたい会社1』でも取り上げている伊那食品工業の塚越会長も著書『年輪経営』のなかで、次のように述べています。

人というのは特に若い人は、心の底では正義感を持っている。会社や経営者が、反社会的なことをしていれば、社員のモチベーションは確実に落ちる。

反対に、自分たちのやっていることが、「世のため、人のため」になると確信できれば、どんなに苦しくても頑張って働こうと思うもの。

「間違った世の中を正してやろう」くらいの気概を持った経営者に、社員たちはついてくる。


第4章では、どのように自社の価値観を伝えていけばいいか？

そして、どうすれば求職者の価値観を知ることができるか？

その方法について解説します。

「働かせてみないとわからない」は、求職者の人生を軽視している企業姿勢です。

「事業をしていくうえで大切にしている価値観」と「生きるうえで大切にしている価値観」とがマッチングしているかどうか、真剣に向き合うのが正しい企業姿勢です。

その姿勢を持っている会社に人は惹かれ、集まってきます。

第4章

採用戦略を5ステップで立てる

貴社の採用活動の「あたりまえの基準」チェックテスト

「事業をしていくうえで大切にしている価値観」と**「生きるうえで大切にしている価値観」**。

この2つがマッチングしているかどうか、真正面から向き合うこと。

これが、いい人財が集まる会社の採用の思考法です。

では、実際にどのようにすれば、この思考法を体現できるのか。

そのレシピが**「いい人財を採用する戦略策定5ステップ」**です。

5ステップは、次のとおりです。

①WHY 何のために採用するか？（採用目的の言語化）
②WHO どんな人を採用するか？（採用人物像の言語化）
③WHAT 提供できる価値は？（入社するベネフィットの言語化）

④ＷＨＥＮ　いつ伝えるか？（動機づけ&見極めプロセスの設計）
⑤ＨＯＷ　どうやって伝えるか？（募集手段の選定）

いきなり、５ステップの話を進めていきたいのですが、申し訳ありません。最低限の前提知識が揃っていないと、話が噛み合わなくなるものです。

そこで、いったん次のケーススタディに取り組んでいただきたいのです。あなたと採用活動における前提知識を揃えたうえで、「いい人財を採用する戦略策定５ステップ」の話に入っていきたいと思います。

次の事例をお読みください。あなたがこの会社の採用担当者となった場合、どのように採用活動を進めていくのかをシミュレーションするケーススタディです。

【ケーススタディ】

Ｋ社は、従業員75名の卸売業。

中途採用を続けているが、ここ最近は応募者が少なくなっている。

内定を出しても辞退されることが多々あり、目標とする採用人数に達していない状また、過去3年に入社した社員のうち、6割がすでに退職しており、定着率にも課題がある。

このような状況において、あなたはどのように採用活動に取り組み、成功させますか?

問題所在や要因はあえて省略しています。ご自身の経験や知識から類推し、最低限取り組むべきことを挙げてください。

あくまでも、「どのように採用活動に取り組み、成功させるか」を問うています。たとえば、定着率を高めるために、社内の雰囲気を良くする、評価制度を整備する、といったことは今回のテーマではありません。あくまでも採用活動の改善について、10分程度、ご自身で思いつく限り考えてみてください。あなた自身がこのシチュエーションに置かれたら、どうしますか?

【回答欄】

・

・・・・

あなたの会社にも心当たりがあるケーススタディだったかもしれません。

さて、セミナーでこのようなケーススタディに取り組んでいただくと、たくさんの意見が出てきます。

読者のあなたもきっといくつかの意見が浮かんだと思います。普段から何とかしなければと考え活動しているからこそ、意見は出てくるものです。

でも、私は過去の数十回のセミナーにおいて、必要な「切り口」を漏れなくアウトプットできた人に出会ったことがありません。何らかの思考のモレがあるものです。

たとえば、あるセミナーのときには、次のような意見が寄せられました。

【セミナー受講者の回答例】

・「応募者が少ない」ので、今取り組んでいない募集方法を試してみる。たとえば、SNS採用とかダイレクトリクルーティングとかは潜在層にもアプローチできるので、やってみるといいのではないか？

・「内定を出しても辞退が多々ある」ので、自社の魅力を伝える工夫として、選考プロセスのなかに現場社員との交流の機会を設けてみるといいのではないか？

あなたが出した意見と比べていかがでしょうか？

同じですか？　違いますか？

会社で採用活動の改善を考える際に、必要な切り口にモレが生じてしまうと、その切り口に関する課題がおざなりになってしまいます。つまり、解決すべき課題が放置され、どれだけ努力しても成果につながらない、というケースが起こってしまいます。「採用がうまくいかない」と嘆いているだけでは課題は解決しないのは自明のことです。加えて、採用活動のうち、具体的にどの活動に課題があるかを正しく捉えないことには、取り組む配分を間違えてしまいます。**採用課題を正しく設定できなければ、**

採用がうまくいかないのは自明のことなのです。

では、必要な「切り口」とは何でしょうか？

そのことを理解していただくために、「採用活動の３要素」について、一緒に整理してみたいと思います。

採用活動を3つに分解する

採用活動は３つの活動に分けることができます。

①候補者を〇〇る
②候補者を〇〇る
③候補者を〇〇る

採用活動は、候補者を対象に行なう活動です。そのため、「候補者」という共通の

▼採用活動は、３つの活動に分けられる

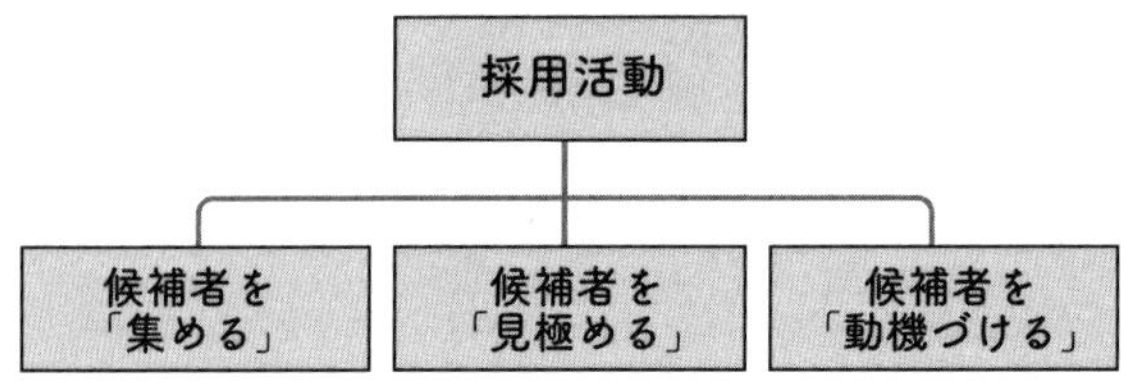

目的語になります。

では、採用活動は、候補者に対してどんなことを行なう活動と言えるでしょうか？

答えは、

①候補者を「集める」
②候補者を「見極める」
③候補者を「動機づける」

です。

あなたの回答と若干の表現の違いはあるかもしれませんが、納得できる分解ではないでしょうか。

そもそも候補者を集めることが採用活動の成否にかかわります。集められないことにはなんともなりません。

だから、集めるにはどうすればいいかと考えるのは自然なことです。

では、集めさえすればいいのかというと、そうではありません。

集めた人が全員自社に合うかどうかは定かでないからです。

だから、集めた候補者が自社に合う人かどうかを見極めることも採用活動の1つです。

では、集めて見極められれば、採用できるかというと、そうでもありません。

会社は見極める側でもありますが、見極められる側でもあります。

つまり、選ぶ側でもあり、選ばれる側でもあります。

選ばれるには、「あなたは当社に合っています」「当社に入るべきです」「なぜなら……」と伝え、他社ではなく、自社に入社する意思決定を促す必要があります。

これが動機づけです。

この3つの候補者に対する活動がどれもすべて過不足なく実行することができて初

めて採用することができます。

では、あるセミナーのときに受講者から寄せられた、先ほどの意見を再掲します。

【セミナー受講者の回答例】

・「応募者が少ない」ので、今取り組んでいない募集方法を試してみる。たとえば、SNS採用とかダイレクトリクルーティングとかは潜在層にもアプローチできるので、やってみるといいのではないか？

・「内定を出しても辞退が多々ある」ので、自社の魅力を伝える工夫として、選考プロセスのなかに現場社員との交流の機会を設けてみるといいのではないか？

①候補者を「集める」
②候補者を「見極める」
③候補者を「動機づける」

この3つの候補者に対する活動がどれもすべて過不足なく実行するプランニングになっていると言えるでしょうか？

答えは否ですね。②の「候補者を見極める」という活動について不足しています。第3章でも解説したとおり、「誰を採用するか」を決め、その採用基準に対して適切に見極める力をつけることも課題になります。

K社が過去3年に入社した社員のうち6割が退職しているという事実から、採用段階で正しく見極める課題が想定されます。

貴社における「自社にとって適切」は決まっているか？

時間は有限です。それは会社にとってもそうですが、求職者にとっても同じです。だから、集める段階においても、適切な人を集めるという観点も持つべきです。

そもそも採用しない人をたくさん集める行為は、その相手にとって失礼な行為です。無駄な時間や労力を課すことになるからです。

つまり、

①自社にとって適切な候補者を「集める」。
②自社にとって適切な候補者かどうかを「見極める」。
③自社にとって適切な候補者であると「動機づける」。

ということを採用活動では目指します。
これらが再現性高くできている状態を目指すのです。

いい人財を採用する戦略策定の5ステップの効用

ひと口に「採用活動がうまくいっていない」と嘆くのではなく、この3つの活動のうち、どの活動がうまくいっていないのか、改善の余地があるのかを把握して取り組んでいかねばなりません。

▼いい人財を採用する戦略策定の5ステップ

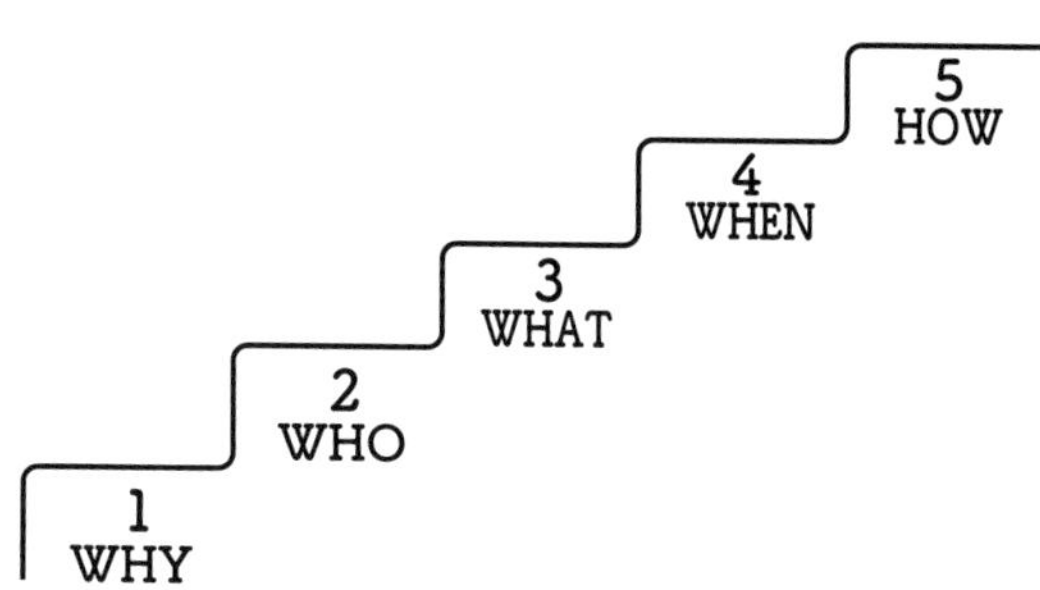

ここを正しく捉えないことには、有限である社内のリソース（お金、時間、労力）の配分を誤ってしまうことになります。

では、**「集める」「見極める」「動機づける」を再現性高く実現させる**にはどうすればいいでしょうか？

これを実現させるメソッドが、「いい人財を採用する戦略策定の5ステップ」です。

この5ステップで戦略を立て、実行した結果、採用活動の再現性を上げた会社が日本全国にあります。採用コンサルティングの支援に入った会社は、すべてこの5ステップで戦略を策定し、すべての会社が採用目標を達成させています。達成は100％です。言わば無敗です。

先ほどケーススタディで扱った従業員75名の卸売業、K社もそのうちの1社でした。

K社は、「集める」「見極める」「動機づける」すべてにおいて問題がありました。応募者が少なくなり、せっかく集めた候補者に内定を出しても辞退され、目標とする採用人数に達しない状況がしばらく続いていました。さらに、入社した社員の早期退職も発生していました。

そこで、私と一緒に「いい人財を採用する戦略策定の5ステップ」を策定。次のような結果に至りました。

・採用活動を開始後、6カ月間で応募数はそれまでの約30倍になった。
・予定していた期限までに5つのポジションの採用に成功した。
・入社後の離職者は2年後も0名で、各セクションにおいて全員が将来を期待されている。

他にも、たとえば、以下のような事例があります。

▼いい人財を採用する戦略策定の5ステップ

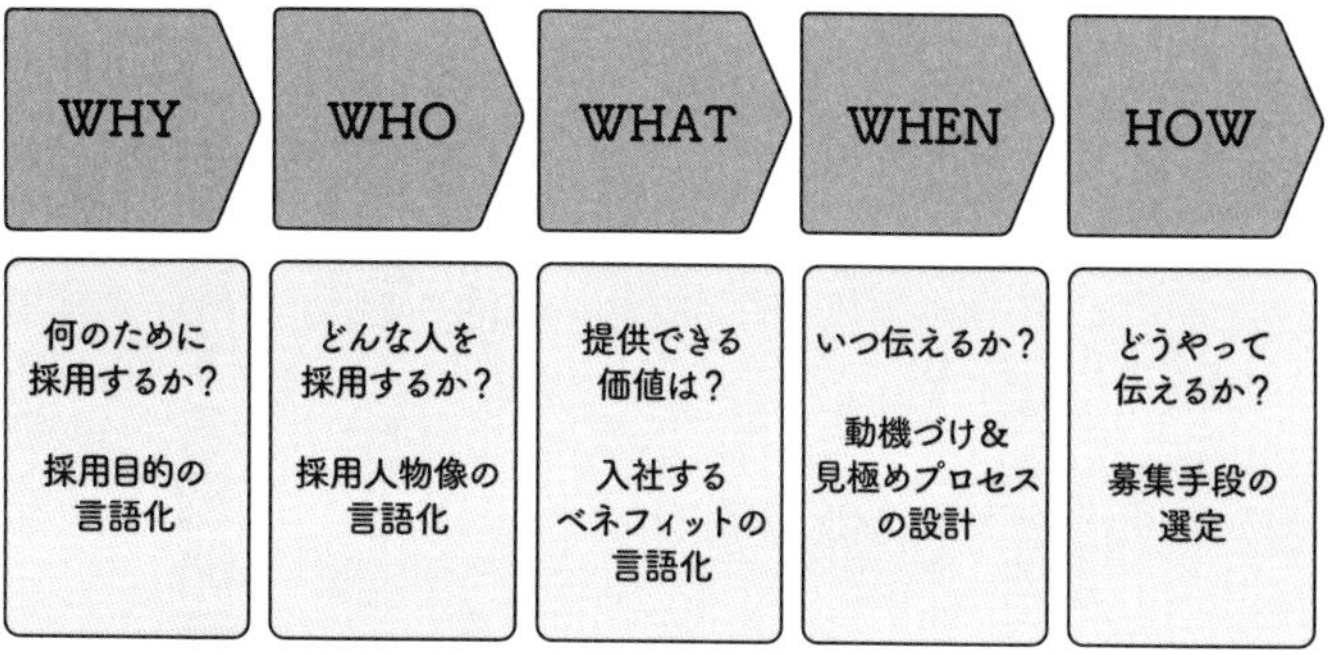

WHY	WHO	WHAT	WHEN	HOW
何のために採用するか？ 採用目的の言語化	どんな人を採用するか？ 採用人物像の言語化	提供できる価値は？ 入社するベネフィットの言語化	いつ伝えるか？ 動機づけ＆見極めプロセスの設計	どうやって伝えるか？ 募集手段の選定

・社員12名の医療用機械器具卸売業の会社では、取り組み開始後、９カ月で３名の中途採用に成功（これまでは縁故採用のみで、本格的な採用活動は未経験からスタート）。

・社員３００名の食品梱包資材卸売業の会社では、取り組み開始後、６カ月間で20名の中途採用に成功（直前の６カ月間は９名採用だったので、約２倍の採用数につながる）。

・社員６５０名の警備会社では、取り組み開始後、４カ月間で１３７名の中途採用に成功（同年同期間は71名採用だったので、こちらも約２倍の採用数につながる）。

これらはあくまで一例です。

いい人財を採用する戦略策定の5ステップとは？

「いい人財を採用する戦略策定の5ステップ」は、「集める」「見極める」「動機づける」の3つの採用活動をスムーズに進めていくために、

①WHY　何のために採用するか？（採用目的の言語化）
②WHO　どんな人を採用するか？（採用人物像の言語化）
③WHAT　提供できる価値は？（入社するベネフィットの言語化）
④WHEN　いつ伝えるか？（動機づけ&見極めプロセスの設計）
⑤HOW　どうやって伝えるか？（募集手段の選定）

の順番に整理していきます。

なぜHOWから始める採用活動がダメなのか

多くの会社は、ＨＯＷ（募集手段の選定）から考え始めます。つまり、「どうやって集めようか」ということからです。

採用活動を３つに分解すると、候補者を集めることは採用活動の成否にかかわることです。集められないことにはなんともなりません。

だから、集めるにはどうすればいいかと考えるのはごくごく自然なことです。

新卒採用の場合ならば、

「学生の就職活動が早期化しているし、うちもインターンシップをやらねば……」

とか、

「ダイレクトリクルーティングが流行っているから、うちも学生に直接オファーをしなくちゃ……」

とか、

「知り合いの社長から、『ＳＮＳ採用でいい人が採用できた』って聞いたから、それならお金もかからないし、うちもやってみるか……」

といったように。

こう考えるのは自然なことです。

しかしながら、このパターンは、ほぼ失敗に終わります。

「ほぼ」と表現したのは、成功することもあるからです。

でも、それは残念ながらたまたまの成功です。偶然でしかなく、ラッキーだっただけです。

同じような成果を連続して出し続けることができるかというと、それは無理です。再現性がありません。

営業マンからの売り込みを受けて、「今キャンペーンをやっているらしいから、この機会にやってみようか」とか、「採用ホームページがイマイチだから作り変えよう」とか、これがＨＯＷから始める採用活動の一例です。

なぜＨＯＷから始める採用活動がダメなのかというと、最適でない手段を選択してしまうリスクが高いからです。その手段そのものが悪いのではなく、自社にその手段がマッチしていないリスクがあるということです。

どんな人を採用したいのかを明確に決めない限り、そういった人物に自社を認知してもらう手段（ＨＯＷ）は決められません。

また、どんな人物を採用したいのかを明確に決めるためには、「そもそも何のために採用するのか」と採用目的（ＷＨＹ）を言語化させる必要があります。

採用したい人物像（ＷＨＯ）を決めて、認知してもらう手段（ＨＯＷ）を決めるだけでは、応募には至りません。なぜなら、採用したい人物に合わせたメッセージ（ＷＨＡＴ）を伝えなければ、自社に関心を寄せてはもらえないからです。

それだけでも足りません。仮に関心を寄せて応募してもらえたとしても、最終的に入社する会社は１社だけです。だから応募から入社に至るまでに、どのタイミングでどのメッセージを伝えるべきか（ＷＨＥＮ）を決めておく必要があります。ここまであらかじめ定めたうえで、募集手段（ＨＯＷ）を考えるのです。

急がば回れ！

いきなりＨＯＷから始めるのではなく、**①ＷＨＹ→②ＷＨＯ→③ＷＨＡＴ→④ＷＨＥＮという整理をしたうえで、⑤ＨＯＷを考える**ことが必要なことがおわかりいただけたでしょう。

「急がば回れ」ということわざがあります。

早く着こうと思うなら、危険な近道より遠くても安全確実な方法をとったほうが早く目的を達することができるという意味です。

採用活動では、多くの会社が危険な近道を選んで、いつまでも目的を達することができないでいます。

あなたは真面目にこの本を読み、このページまで読み進めています。言わば、いったん立ち止まり、今までのやり方をリセットし、リスタートしようとしているわけです。

だからこそ理解することができるでしょう。

効率的にショートカットできるやり方はありません。あれば誰も苦労しません。一見遠くても安全確実な方法をとり、それを習慣化した会社しか結果を出し続けることはできないのが現実です。

他の人や会社がやらないことをやるから、異なった結果を出し続けられるわけです。

問題は募集手段（メディア）ではない

ここまでお伝えしたことについてさらに理解を深めていただきたいので、ここであなたに質問をさせてください。

「YouTube に動画をアップすれば、すべての動画はバズりますか？」

答えは「ＮＯ」ですよね。即答できる質問でしたね。何億回も再生される動画がありますが、一方で数回しか再生されない動画だってあります。同じ YouTube というメディアにもかかわらず、起こっている現実です。そんなことはあたりまえに知っていることでしょう。

でも、採用活動においては、こんなあたりまえのことをついつい忘れてしまいがちです。

「今、流行っているメディアに求人情報を載せれば、すべての会社に多くの応募がありますか?」

答えは「NO」なのです。

今、流行っているメディアに自社の情報を載せれば、自社に合った多くの応募があると思うのは、幻想です。残念ながらそれはありません。

問題は募集手段（＝メディア）ではないのです。

では、問題は何か?

問題は、情報の中身（＝コンテンツ）です。

情報の中身（＝コンテンツ）とは、あなたの会社そのものです。

自社がどんなコンテンツなのかを整理すること。これが**採用を成功させるための出発点**です。

そうでなければ、

①自社にとって適切な候補者を「集める」こともできないし、

②自社にとって適切な候補者かどうかを「見極める」こともできないし、

③自社にとって適切な候補者であると「動機づける」こともできないのです。

採用がうまい会社が、メディア選びの前に決めていること

メディア（ＨＯＷ）を選ぶより前に、会社というコンテンツを整理することをやらねばなりません。

採用がうまくいく会社は、メディア（ＨＯＷ）を選ぶにあたって、あらかじめ採用人物像を定めています。

その人物像に対して、自社のどんな魅力を伝えれば、「いいんじゃないか」とベネフィットを感じてもらえるかを考えているのです。

そうしてコンテンツを考え、失敗を重ねながら、再現性を生み出しています。

つまり、安定的に採用することができる状態をつくり出しているのです。

ＨＯＷから実行することの弊害は、再現性を生み出さないことです。

成功しても失敗しても、その要因の検証ができません。この媒体がうまくいかなか

ったから次は別の媒体にしようというのは、PDCAでもなんでもありません。

過去の成功体験というワナ

P&Gやロート製薬、ロクシタン、スマートニュースなどを渡り歩き、数多くの実績を上げてきた西口一希氏も著書『顧客起点の経営』の中でHOWに傾注する理由を次のように記述しています。

手段手法(HOW)の議論は単純で実行は簡単であり、その選択肢は世の中にあふれているからです。一つの手法が結果を出さなければ、異なる手法に投資するのは簡単なのです。顧客になっていただきたい方々が不明でも、あるいは自社プロダクトが押し出すべき便益や独自性が曖昧でも、次の商品開発、新たな販売促進、追加的な営業活動、流行りのマーケティングなどの手段手法へは、すぐに投資できるからです。手段手法は雨後の筍のように次々と開発・導入されるので、着手しなければ後れを取ったような気にもなります。

多くの会社がHOWから始めています。ちなみに、過去に採用がうまくいった経験がある会社ほど、そうです。

「前、こうやってうまくいったから、今回もこうしよう」と意識することもなく、無意識に過去の行動を繰り返すこと、これは我々生きる者が持って生まれた本能です。過去の行動を繰り返してきた結果、今生きることができているわけです。故に新しい行動を起こすことで、失敗して命を落としてしまうかもしれない、その本能（無意識の力）が新しい行動を止めるのです。

誰もが持っているこの本能のことを**「現状維持バイアス」**と言います。「過去の行動を繰り返していれば、現状は維持できるだろう、つまり今までと同じ結果は得られるだろう」と思うのが我々の持っている本能です。

でも、これは思い込み（＝バイアス）の場合があります。現代はVUCAの時代と呼ばれています。変動性、不確実性、複雑性、曖昧性があり、目まぐるしく変転する予測困難なビジネス環境のなかに我々は生きています。

つまり、過去の成功体験に縛られて過去のやり方を繰り返していると、どうなるのか？

生き残ることすら定かではありません。

私がここで言いたいのは、**過去の成功体験に縛られず過去のやり方をリセットし、リスタートできる変化耐性のある会社だけが生き残っていける**ということです。

私はセミナーで、採用コンサルティングの実例を基に、支援先が採用に成功している秘訣をすべてオープンにしてお伝えしています。

でも、セミナー後に実行する人は全体の20％、継続する人はさらにそのうちの20％程度です。つまり実際にうまくいく会社は４％しかありません。

でも、ここまで読み進めていただいたあなたは、きっとその４～５％に入ることのできる、選ばれた方です。

なぜなら、ここまで読み進めていただいていること自体、過去の成功体験に縛られず、過去のやり方をリセットし、リスタートしようという意思の表れなのですから。

それでは、いよいよ次の項から、①WHY、②WHO、③WHAT、④WHEN、

⑤HOWの手順で、具体的にどのように採用戦略を立てていくべきかについて解説を始めていきます。

①WHY　何のために採用するか？（採用目的の言語化）
②WHO　どんな人を採用するか？（採用人物像の言語化）
③WHAT　提供できる価値は？（入社するベネフィットの言語化）
④WHEN　いつ伝えるか？（動機づけ&見極めプロセスの設計）
⑤HOW　どうやって伝えるか？（募集手段の選定）

ＷＨＹ：何のために採用するか？

――採用目的の言語化

人の心は、ＷＨＡＴではなく、ＷＨＹで動かされる

まったく同じ商品を売る２人の営業担当者がいます。でも、２人の営業成績は大きな開きがありました。商談数は同じです。それにもかかわらず、営業成績が違います。今日もそれぞれお客様先へ商談に向かいました。

さて、あなたがこの２人から提案を受けた場合、どちらの営業担当者から商品を購入しますか？

【Ａさん】

「我々はすばらしいコンピュータをつくっています」

「美しくデザイン、シンプルな操作性、取り扱いも簡単」

「1台、いかがです？」


【Bさん】

「現状に挑戦し、他者とは違う考え方をする。それが私たちの信条です」

「製品を美しくデザインし、操作性をシンプルにし、取り扱いを簡単にすることで、私たちは現状に挑戦しています」

「その結果、すばらしいコンピュータが誕生しました。1台、いかがです？」


答えは明白、Bさんから購入するでしょう。

営業パーソンのほとんどは、Aさんのように伝えています。

何をして、どう違い、どう優れているかを伝え、お客様に行動（購入）を促します。

まったく同じ商品です。異なるのは、**あることを省略しているかいないか**です。

それは何か？

Aさんが省略しているのは、何のために（WHY）です。
Bさんは、最初に何のために（WHY）を伝えています。

【Aさん】
「我々はすばらしいコンピュータをつくっています」（＝WHAT）
「美しくデザイン、シンプルな操作性、取り扱いも簡単」（＝HOW）
「1台、いかがです？」

【Bさん】
「現状に挑戦し、他者とは違う考え方をする。それが私たちの信条です」（＝WHY）
「製品を美しくデザインし、操作性をシンプルにし、取り扱いを簡単にすることで、私たちは現状に挑戦しています。」（＝HOW）
「その結果、すばらしいコンピュータが誕生しました。1台、いかがです？」（＝WHAT）

郵便はがき

料金受取人払郵便

牛込局承認

9092

差出有効期限
令和7年6月
30日まで

162-8790

東京都新宿区揚場町2-18
白宝ビル7F

フォレスト出版株式会社
愛読者カード係

フリガナ お名前	年齢　　　歳 性別（ 男・女 ）
ご住所 〒 ☎　（　　）　FAX　（　　）	
ご職業	役職
ご勤務先または学校名	
Eメールアドレス メールによる新刊案内をお送り致します。ご希望されない場合は空欄のままで結構です。	

フォレスト出版の情報はhttp://www.forestpub.co.jpまで!

フォレスト出版　愛読者カード

ご購読ありがとうございます。今後の出版物の資料とさせていただきますので、下記の設問にお答えください。ご協力をお願い申し上げます。

●ご購入図書名　「　　　　　　　　　　　　　　　」

●お買い上げ書店名「　　　　　　　　　　　　　」書店

●お買い求めの動機は?

1. 著者が好きだから　　2. タイトルが気に入って
3. 装丁がよかったから　　4. 人にすすめられて
5. 新聞・雑誌の広告で(掲載誌誌名　　　　　　　)
6. その他(　　　　　　　　　　　　　　　)

●ご購読されている新聞・雑誌・Webサイトは?

(　　　　　　　　　　　　　　　　　　　)

●よく利用するSNSは?(複数回答可)

□Facebook　□Twitter　□LINE　□その他(　　　　　)

●お読みになりたい著者、テーマ等を具体的にお聞かせください。

(　　　　　　　　　　　　　　　　　　　)

●本書についてのご意見・ご感想をお聞かせください。

●ご意見・ご感想をWebサイト・広告等に掲載させていただいてもよろしいでしょうか?

□YES　□NO　□匿名であればYES

Bさんとは、あなたもご存じの、アップルの創業者スティーブ・ジョブズです。

このたとえ話は、２００９年にTED Talksに登場したサイモン・シネックが、「優れたリーダーはどうやって行動を促すか」というタイトルでプレゼンしている内容です。このプレゼン動画はYouTubeチャンネルに公開され、全世界で１０４２万回、再生されています（再生回数は本書執筆時点／https://youtu.be/qp0HIF3SfI4）。

そこで、サイモン・シネックは、「人はなぜアップルから商品を買うのか」について、次のように説明しています。

人は、ＷＨＡＴではなく、ＷＨＹに心が動かされるのです。

だから、安心してアップルからコンピュータを買っているのです。

でも、アップルは単なるコンピュータ会社です。アップルと他社とで何か仕組みが違うわけではありません。競合他社にだって同様の製品を作る力があります。実際挑んだこともあります。

数年前にはゲートウェイが平面テレビを出しました。ゲートウェイにはそのための卓越した技術があります。ＰＣ用の平面モニターを何年も作ってきたのです。しかし全然売れませんでした。

デルはＭＰ３プレイヤーとＰＤＡを発売しました。非常に高品質な製品です。デザインも申し分ありません。でも全然売れませんでした。

実際今となってはデルのＭＰ３プレイヤーを買うなんて想像すらできませんよね。

コンピュータ会社のＭＰ３プレイヤーなんて誰が？　でもみんなアップルからは買うのです。

人は、ＷＨＡＴではなく、ＷＨＹに心が動かされるのです。

自分が提供するものを必要とする人とビジネスするのではなく、自分の信じることを信じる人とビジネスするのを目標とすべきなのです。

ＷＨＹのマッチングこそ、真のマッチング

私たちは、人に何かを伝えるとき、情報を省略してしまうものです。

発信する側が持っている前提と受信側が持っている前提が異なるにもかかわらず、

▼人は､｢WHAT｣ではなく､｢WHY｣に心が動かされる

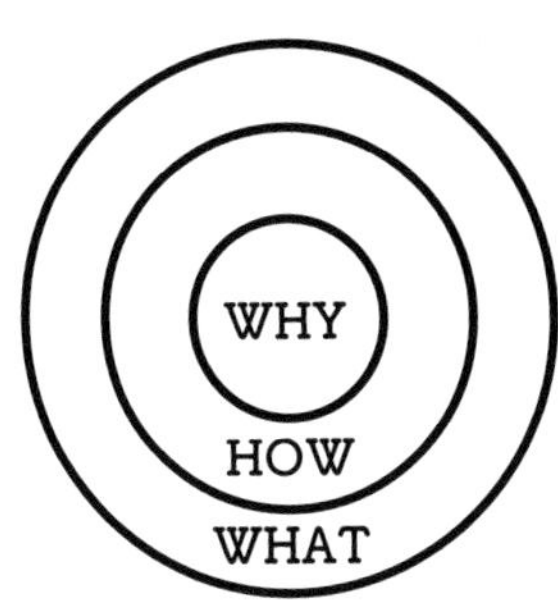

ついついその情報を省略してしまうものです。それも無意識に。「これはわかっていますよね」と前提を省略して発信してしまうのです。

それは採用活動においても同様です。

求職者はあなたの会社のことを知りません。

あなたの会社がどんな目的で事業をしているかなんて、もっと知りません。

そもそも何のために事業を行ない、今、どんなお客様からどんな理由で選ばれているのか知る由もありません。これからさらにどんな想いを持って事業をしていこうと思っているのかは言うまでもなく。

でも、求職者はそれを知りたいのです。

そこに共感する会社に入社したいのです。

情報は非対称です。こちらが持っている情報を相手は同じように持っていません。

その前提に立ち、会社側は伝える努力を惜しんではなりません。言葉を尽くす姿勢を真摯に示し続けることが必要です。

その姿勢が求職者に伝われば、自ずと集まります。

他にそこまでインサイトをオープンにしている会社は多くないからです。ありのままを伝えればいいのです。

なお、「事業成長すること」「利益を上げること」は、WHYとして表現するのに馴染みません。なぜなら、それは結果に過ぎないからです。

むしろ、目的、信念があり、それをもとに展開しているサービスが顧客に選ばれているならば、あたりまえにこれらはリターンとして得られているものです。

▼求人広告掲載件数等集計結果（2023年4月分）

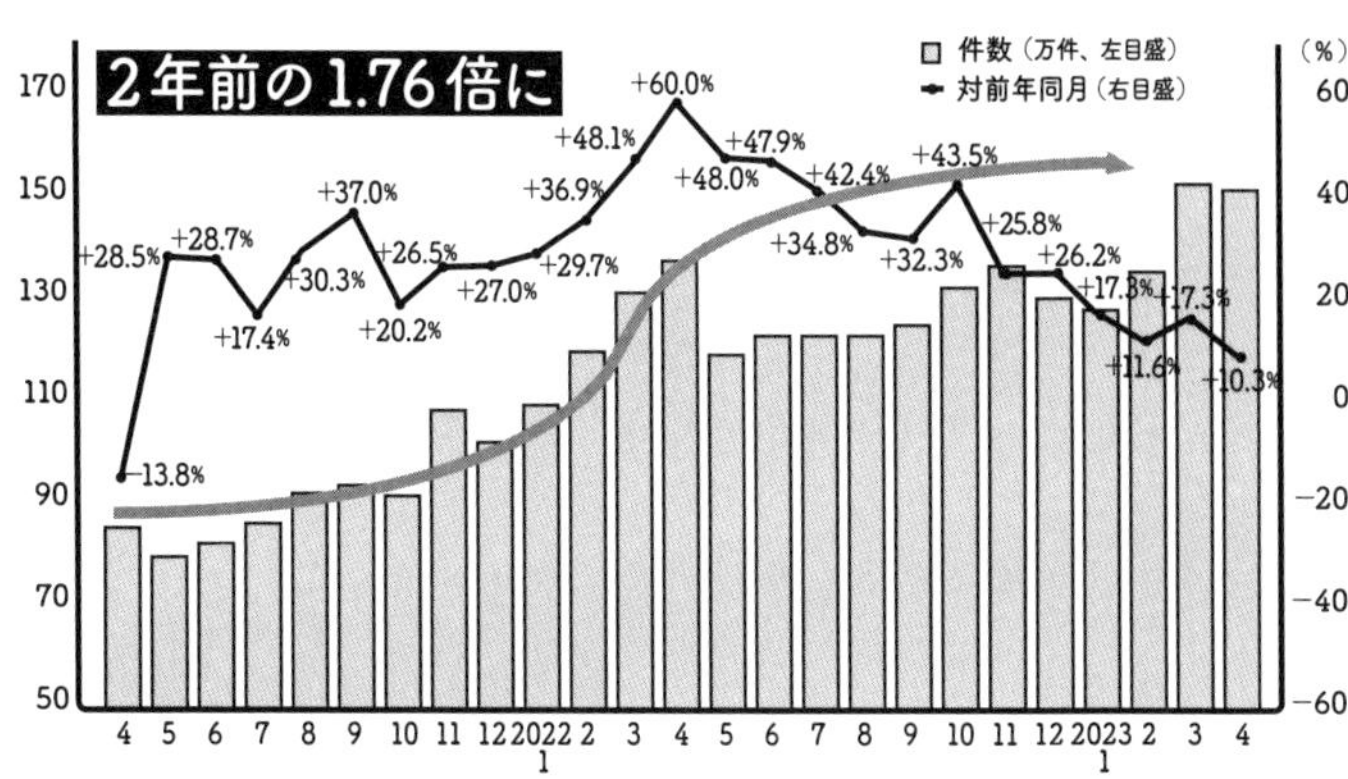

※全体で151万8920件（2年前の1.76倍）
◆出典：公益社団法人全国求人情報協会の発表資料を基に作成。

あなたの会社にしかないコンテンツをつくるベースがWHYである

公益社団法人全国求人情報協会によりますと、２０２３年４月分の求人広告掲載件数は全体で１５１万８９２０件ありました。この件数は２年前の２０２１年４月と比較すると、１・76倍の件数です。

このように世の中には、求人情報があふれかえっています。

件数だけでなく、その中身も、です。求職者からすると、似たような求人票があふれかえっています。はっきり言って、違いがわかりません。食傷気味になっています。

コモディティ化している、というのは、まさにこういう状態のことを指すと、私は感じています。

でも、私は本来、**会社ー社ー社はコモディティ化なんてしていない**と確信しています。

それぞれの経営者に想いがあり、それは唯一無二だからです。

経営者だけではありません。幹部もそうです。社員一人ひとりもそうです。一人ひとりは唯一無二な存在です。

WHYを言語化することが、自社ならではの特徴を表すものであり、それが採用活動の要素である「動機づけ」にダイレクトにつながります。

何で違いを見せるかと考えるとき、待遇面で違いを見せるということも1つでしょう。生きていくためにはお金は必要です。お金がなくては生きていけないし、もらえるなら、それはもらえたことには越したことはありません。他社の状況を見ながら、当然社員の待遇面は考えるべきです。

ただし、中小企業は資源が限られています。その領域で戦うには限界があります。

そこで、考えるべき戦う領域が「ＷＨＹ」です。

あなたの考えです。あなたの価値観です。「ＷＨＹ」に共感し合い、一緒に働けることこそ、最良ではないでしょうか。

「WHY」とは、「何のために」と考える

なお、「なぜ」ではなく、「何のために」とあえて私は表現しています。

「なぜ？」と聞かれると、人は「過去＆自身の内面」に問いが向かいます。

一方、「何のために？」と聞かれると、人は「未来＆外」に向けて問うことになります。

何のために事業をしているのか、ここを省略せず伝えていくことが、コモディティ化している採用市場のなかで、打ち出すべき自社の特徴です。

TED Talks「優れたリーダーはどうやって行動を促すか」では、誰もが知るある兄弟の成功についても、サイモン・シネックは語っています。少し長く感じるかもしれ

ませんが、採用活動にあたって示唆に富む内容ですので、ここで紹介します。

単に仕事を求めている人を雇うのではなく、自分の信念を信じてくれる人を雇うことを目指すべきです。

仕事ができるというだけの理由で採用した人はお金のために働くでしょう。しかしあなたの信念を信じてくれる人を雇えば、その人は血と汗と涙を流して働くのです。

このことを示す例としてライト兄弟ほどふさわしいものは他にありません。サミュエル・ピエールポント・ラングレーについては知らない方が多いでしょう。

20世紀の初頭には有人動力飛行の追求は今日のドットコムのようなもので、誰もが試みていました。

そしてサミュエルは成功のレシピと言えるものを備えていたのです。

誰かに聞いたとしましょう。

「製品や会社が失敗した理由は何ですか？」

返ってくる答えはいつも同じ3つの項目です。

資金不足、人材不足、市場環境の悪化。

いつもこの3点です。詳しく見てみましょう。

サミュエル・ピエールポント・ラングレーは、5万ドルの資金を陸軍省から与えられ、飛行機械を開発していました。資金は問題なし。ハーバード大に在籍し、スミソニアン博物館で働いていた彼は人脈豊富です。当時の頭脳たちと通じていました。

金にものを言わせて最高の人材を集めました。市場の環境は絶好。

ニューヨークタイムズは彼を追い掛け回し、みんな彼を応援していました。

では、どうして皆さんはサミュエル・ピエールポント・ラングレーのことを聞いたことがないのでしょうか。

そこから数百マイル離れたオハイオ州デイトンにいたライト兄弟のオーヴィルとウィルバーは成功のレシピとはまるで無縁でした。

お金がなく、夢に挑む資金は自分たちの自転車店から持ち出しで、ライト兄弟のチームの誰ひとりとして大学を出てはいませんでした。オーヴィルとウィルバーも違いました。そしてニューヨークタイムズに追いかけ回されたりもしません。

違っていたことは、オーヴィルとウィルバーが大義と理想と信念に動かされていたということです。

彼らはもしこの飛行機械を作り上げることができたら、それは世界を変えることになると信じていました。

サミュエル・ピエールポント・ラングレーは違っていました。彼が求めていたのは富と名声です。それによって得られるものが目的であり、富を追求していたのです。

そして、どうなったのでしょうか。

ライト兄弟の夢を信じた人々は、血と汗と涙を流して共に働きました。

もう一方のチームはただ給与のために働きます。

ライト兄弟は外へテストに出かけるたびに部品は5セットずつ持って行ったと言います。夕食に帰るまでには5回ぐらい壊れるようなものだったからです。

そしてついに1903年12月17日のこと、ライト兄弟は初飛行に成功。それをその場で目撃した者もいませんでした。そのことが広く伝えられたのは数日経った後です。

そしてラングレーの動機が適切でなかったことを示すさらなる証拠には、ライト兄弟が飛行した日に彼はあきらめたのです。彼はこうも言えたはずでした。

「連中はよくやった。我々の手でもっと改良してやろうじゃないか」

でもそうはせず、一番になれず、金持ちになれず、有名になれなかったので、彼はあきらめました。

人は、「ＷＨＡＴ」ではなく、「ＷＨＹ」に心が動かされるのです。

そして自分が信じていることについて語れば、そのことを信じてくれる人たちを惹きつけるでしょう。

個人であれ、組織であれ、我々が導く人に従うのは、そうしなければならないからではなく、そうしたいからです。導く人に従うのは彼らのためでなく、自分自身のためです。

そして「ＷＨＹ」から始める人がまわりの人を動かし、さらにまわりを動かす人を見いだせる力を持つのです。

実際に「WHY」を言語化する際の注意点

「何のために事業をしているのか」を言語化する際に、注意していただきたいことがあります。

それは**「カッコつけなくていい」**ということです。ありのままでいいのです。会社側がカッコつけると、返報性の法則が働いてしまいます。

つまり、求職者もカッコつけてしまう。そんな関係は長くは続くものではありません。だから、そもそもWHYを裏表なく、表現することがとても重要です。構えないことがポイントです。

また、「世界を……!」「未来を……!」「挑戦しよう!」といった耳当たりのいい紋切型のメッセージは、求職者にはピンと来ないものです。

「何のために存在するのか?」「何のためにこれをするのか?」という嘘のない心からの言葉を飾らず吐き出してみましょう。それが「この会社で働きたい」という共感を呼び起こします。むしろ、それで共感する人こそ、採用すべきですし、そうでなけ

耳当たりのいい紋切り型のメッセージ
＝ピンとこない

嘘のない、心からの言葉＝共感→関心

れば、採用すべきではありません。

「WHY」を言語化するための切り口①

整理する切り口は、次ページの図をご覧ください。

1つ目は、**価値観、信念（WHY）の言語化**です。

縦軸に「会社軸」「社員軸」、横軸に「過去」「現在」「未来」を置いたマトリクスです。

会社軸では、過去：創業当時の想い、現在：お客様に選ばれている理由（提供価値、お客様の利益）、未来：どうなっていきたいか、をそれぞれ言語化していきます。

現社長が創業者でない場合には、創業者の想いでもいいですし、定かでなければ、ご自身が事業承継したときの想いでもOKです。

WHYは、会社軸だけでは十分ではありません。従業員がどんな想いなのかも必須です。社員軸では、過去：入社当時の想い、現在：働いている理由（他社でなく働く価値、得られている利益）、未来：どうなっていきたいか、をそれぞれ言語化していき

▼整理するうえでの切り口①

	過去	現在	未来
会社軸	創業時の想い	お客様に選ばれている理由	どうなっていきたいか
社員軸	入社当時の想い	働いている理由	どうなっていきたいか

ます。

ビジネスにおいては、お客様が自社のサービスを選んで使い続けている理由を知らないことが意外と多いものです。自社が提供できている価値を供給している側は知りません。お客様に聞いてみて、意外な理由で「なるほど！」と気づかされることがあるものです。

採用の場合も、同様です。社内で働くメンバーの感じている働く目的や価値、これからこの会社でどうなっていきたいかといったことを意外と知らなかったりするものです。実はこういったインサイトに共感する人が、自社の採用すべき人の可能性があります。会社のWHYのみならず、社員や自社で働く人たちのＷＨＹを確認してみることは、ＷＨＹのステップにおいては肝になってきます。

なぜなら、自社で長年勤めている人は、何らかのベネフィットがあるから勤め続けているのです。だから辞めずにいるのです。入社当時の想いから、今、他社を選ばずに自社を選び続けている理由、これからどうなっていきたいかと、過去・現在・未来でインサイトを探ってみましょう。

社長は知らないけれど、働くメンバーが感じているベネフィットが存在するかもしれません。

これを採用市場で訴求することによって、そのベネフィットを価値と感じる人からの応募を促すことができます。

「ＷＨＹ」を言語化するための切り口②

整理する切り口は、他にもあります。次ページの図がそれです。

１つ目の切り口の「会社軸＋未来軸」とリンクするのが、２つ目の切り口です。

▼整理するうえでの切り口②

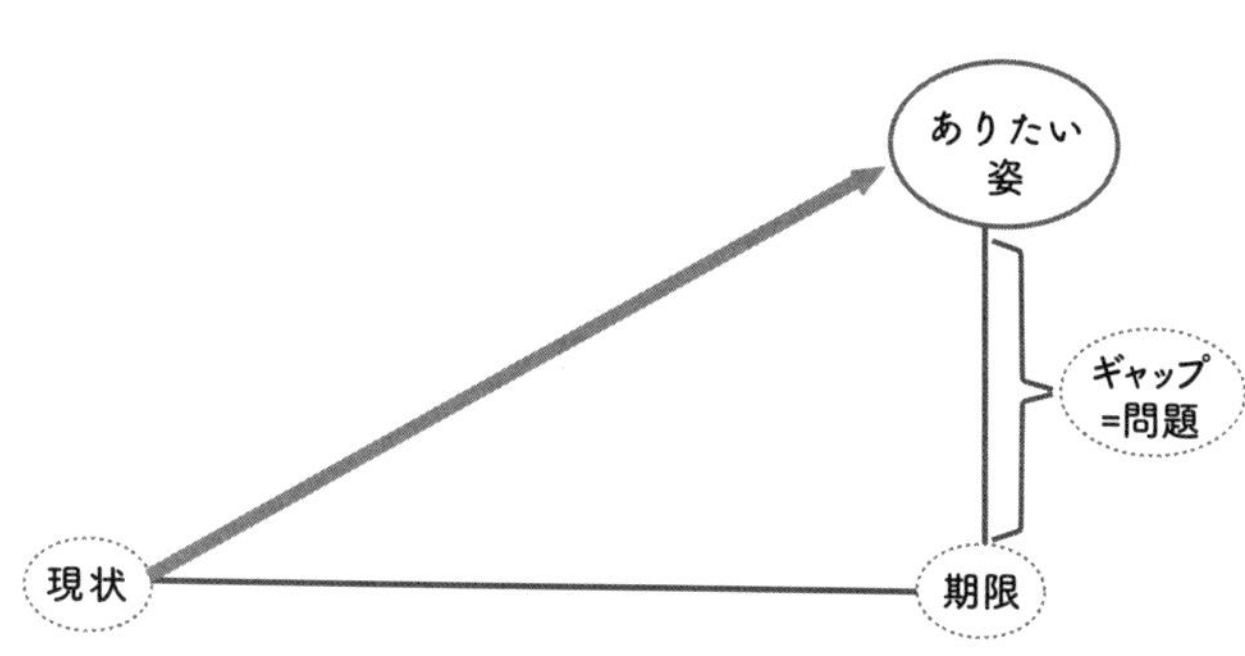

ここを掘り下げるために**「未来のあるべき姿と現状とのギャップを埋めるために採用しなければいけない」という観点で、採用目的（WHY）を言語化**します。

あるべき姿を実現させる期限は、数カ月後のこともあれば、数年後のこともあります。期限の長短については会社によって事情が異なるため、良し悪しはありません。

あなたの会社のあるべき姿を描き、「その姿を実現させるために採用するんだ」と決めることは、社内の共通目的を定める意味でも重要です。

組織の3要素は、**①共通目的、②貢献意欲、③情報共有**です。

採用活動は1人でやるには大変な仕事で

す。社内外で採用チームをつくり、取り組むことが現実的です。社内のリソースが不足しているならば、社外の会社（代表的なのは、求人媒体会社や人材紹介会社）に協力を依頼して取り組みます。

社内外の人たちがただの集まり（集団）でなく、組織として機能するには、まず何よりも「目的＝何のために採用するのか」が共通化されていること。そして、そのために「私はこれをします」「それなら、私はこれができます」と共通目的を果たすために貢献意欲を持ち、適宜現状を円滑に共有し合うメンバーがいることが不可欠です。「あるべき姿があり、そのために採用するんだ」という共通目的を持ち、力を結集させるために、採用目的（ＷＨＹ）の言語化をするのです。

高みを目指している限り、完璧な会社はありません。常に問題があります。「自社はここが弱い」「こういった取り組みがまだできていない」という課題があります。それ故にどんな人を採用すべきなのかが明確になります。これにより、「だから、あなたに入社してもらいたいんだ」というメッセージも明確になります。

「人手募集」では集まらないワケ

なお、採用目的を言語化する際に注意すべきことが1つあります。

それは、採用目的を「人手が不足しているから」とすることです。

もし、これを採用目的にした場合、求人募集のメッセージはどうなるか？

「手を貸してください！」となります。これでは「人手募集」となります。

一方、採用目的を「さらに価値創造していきたいから」とした場合は、どうでしょう？

これを採用目的にした場合、求人募集のメッセージは、「あなたの力を貸してください！」となります。つまり、これが「人財募集」です。

大半の人は、自身の「手」を求められるより、「力」を求められたいものです。

「人手募集」となっていては、あなたの会社に応募する人がどれだけいるでしょうか。

人にはそれぞれに価値があります。力があります。あなたにはその力を求める人財採用をしていただきたい。そのための出発点が、WHYを深掘りして言語化することです。

ＷＨＹを求人票に反映させた一例

私たちは「人材再生」をビジョンとして掲げている警備会社。そして今回募集する営業職はそのキーとなる職種です。

突然ですが、あなたはこの国に完全失業者と呼ばれる人が何人くらいいると思いますか？

50万人？　１００万人？

いいえ。

総務省統計局の調べによると、１９３万人もの完全失業者がいるのです。

私たちは、そんな働きたくても働けずにいる方々、特に高齢者や、何らかの事情で社会から長い間離れていた方を警備員として、しかも「正社員」として雇用し、働く機会と場所・生活の安定を提供しています。

営業職の方にお願いしたいのは、警備員の方々の「働く場所」の確保につながる仕事。警備員を必要としている企業様へ当社の警備サービスの案内をしていただきたいのです。

繰り返しとなりますが、当社は「人材再生」を掲げている企業。ですから、人材活用のノウハウも豊富です。

営業職においても、外回りをして新規顧客の開拓を行なう「フィールドセールス」と、社内で既存顧客への提案を行なう「インサイドセールス」の2つのスタイルで活躍が可能です。

そのため、結婚・出産など、ライフステージの変化にも対応できます。

また、学校行事は有給などで調整可能。育児と仕事の両立もできます。実際、当社の営業職は女性が活躍中。

あなたも当社で社会貢献しませんか？

WHO：どんな人を採用するか？

――採用人物像の言語化

「WHY」の次に「WHO」である2つの理由

WHYを言語化できたら、次は、どんな人（WHO）を採用すべきかを決めます。

どうして、WHYの次にWHOなのか。前項のまとめとして、2つの理由を挙げておきます。

1つずつ詳しく見ていきましょう。

①会社と人財との間には、信念・価値観のマッチングが重要だから

第3章で、教育してもなかなか変えられないのが「信念・価値観」だと述べました。

そうであるならば、「どんな信念、価値観を持った人を採用しようか」と考える前に、自社や従業員の信念、価値観を言語化しておかねばなりません。

つまり、何のために事業をしているのかという会社のWHY、どうして他社でなくこの会社で働いているのかという従業員のWHYを言語化する必要があるわけです。

自社のWHYを言語化してから、**「会社や従業員のWHYに共感するのは、どんな人財（HOW）か？」**を考えるプロセスを踏んでいきます。

②あるべき姿を前提に採用すべき人を決めるべきだから

同じく第3章で、「後天的に伸ばせる能力は採用基準から外す」と述べました。加えて、「入社時点で必要な能力もあり、時間軸をもって、入社時点で必要となる能力と入社後に教育によって鍛えればいい能力を分けて、採用基準を定めるべき」と述べました。

そうしたときに、これから会社としてどうなっていきたいのか、いわゆる「あるべき姿」と「期限」が明確に言語化していなければ、選考時にその人を採用すべきかどうかを適切に判断することができません。

会社をこれからどうしていくかを前提に、**「当社で戦力として活躍できるのは、どんな人財か？」**を考えるプロセスを踏んでいきます。

受け手が誰かによって、メッセージは変わる

先ほどＨＯＷから採用活動を始めてはいけないと述べましたが、ＨＯＷから始める人以外にもこんな人もいます。

「ＷＨＡＴから始める人」です。

どういうことかというと、「自社の魅力をどう伝えればいいだろうか？」と、いきなり求人票をつくってしまう人です。

これも失敗するパターンの１つです。

なぜなら、どんな人財を採用するかを決めなければ、自社の魅力を伝えようがないからです。

採用人物像（ＷＨＯ）を決め、そういった人物が何を求めているかと想像してからでなければ、自社が提供できる価値を伝えることはできません。

たとえば、ここにミネラルウォーターの「い・ろ・は・す」があります。あなたが「い・ろ・は・す」を売る営業だとしたら、お客様にどのようなトークをして、購入をしてもらいますか？

「い・ろ・は・す」には、さまざまな特徴があります。

たとえば、目の前に現れたお客様が「赤ちゃんのいるママ」だったら、どうでしょう？　どのようなトークをするでしょう？

「環境志向の高い人」だったら、どのようなトークをするでしょう？

「コスパ重視の人」だったら、どのようなトークをするでしょう？

「　　　　　　　　　」↓「赤ちゃんのいるママ」

「　　　　　　　　　」↓「環境志向の高い人」

「　　　　　　　　　」↓「コスパ重視の人」

私なら、こんなトークをするかなと思います。

【赤ちゃんのいるママ】に向けたトーク例

「軟水なので、ミルクに混ぜて飲ませられます。煮沸せずにそのまま飲めるので安心ですよ」

【環境志向の高い人】に向けたトーク例

「ラベルが剥がしやすいので、分別がとっても楽ちんです。それに、ボトルが潰しやすいので、ゴミ箱がすぐにいっぱいになりませんよ」

【コスパ重視の人】に向けたトーク例

「価格は他商品と変わりませんが、５５５mlと容量が大きく、割安感がありますよ」

このように、相手が何を求めているかを想像し、相手がその商品を選ぶ理由は何かを考えるからこそ、相手に合わせて商品のベネフィットや他の商品にはない独自性を伝えることができます。

逆に言えば、相手を特定しない限り、商品のベネフィットや他の商品にはない独自性を伝えることは難しくなります。

もしも、相手を特定せず、商品の特徴を思いつく限り、発信すると次のようなことになります。

【赤ちゃんのいるママ】向けの悪いトーク例

「価格は他商品と変わりませんが、555mlと容量が大きく、割安感があります」

【環境志向の高い人】向けの悪いトーク例

「軟水なので、ミルクに混ぜて飲ませられます。煮沸せずにそのまま飲めるので安心ですよ」

【コスパ重視の人】向けの悪いトーク例

「ラベルが剥がしやすいので、分別がとっても楽ちんです。それに、ボトルが潰しやすいので、ゴミ箱がすぐにいっぱいになりませんよ」

これでは、3人とも「い・ろ・は・す」を購入しないですよね。

自社の特徴を誰に伝えるか？

実は採用活動においては、このようなミスコミュニケーションが発生しています。コミュニケーションの基本は「相手とつながること」です。採用活動においては、**「自社という存在があなたにとってどれだけ役に立つのか、何をしてあげられる存在なのかを伝える」**ことができるかが勝負となります。

あなたの会社にはさまざまな特徴があります。入社することで得られるベネフィット、他の会社では得られない独自性があります。

でも、相手を特定しないままだと、「そんなベネフィットあるかな……」とか「他とそんな変わらないし、独自性なんてないよ……」と思考がストップしてしまいかねません。もしくは、たくさんありすぎて、「どれを伝えたらいいんだろう……」と混乱した状態に陥ってしまいます。

自社のどんな特徴を伝えれば、魅力と感じてもらえるか。それを見つけるには、相手をあらかじめ定めることが必要です。どんな人財を採用するかを決めなければ、自社の魅力を伝えようがないのです。

そのため、採用人物像（WHO）を決め、その人物が何を求めているかを想像してから、自社が提供できる価値を考えるステップ（WHO→WHAT）を踏んでいきます。

求職者のペルソナ設定が重要な理由

それでは、採用人物像とは、どの程度、言語化すればいいのでしょうか。

「前職で営業実績があり、学習習慣があり、主体的に考える力がある」

この程度で、十分でしょうか。答えは「NO」です。なぜなら、この抽象度ではイメージが一致しないからです。

たとえば、

◎営業経験はBtoBなのか、BtoCなのか。

◎何年くらいの経験が必要なのか。
◎どんな商材なのか。売り切り商材なのか。
◎導入後に自身でお客様をフォローした経験は必要なのか。
◎実績とはどれくらいの期間、どの程度のものが必要なのか。
◎学習習慣とは、どれくらいの習慣があればいいのか。
◎主体的に考えるとは、たとえばどんなエピソードがあればいいのか。

こういったことのイメージができません。抽象度が高い場合、認識が揃いません。認識が揃わないと、集めることも難しくなりますし、見極めることも難しくなりますし、動機づけも難しくなります。

具体度を上げ、採用にかかわるすべての人との間で共通の認識を持つ必要があります。そのため、「ペルソナ」をつくります。

ペルソナとは、「ある特徴を合わせ持った架空の人物像」というマーケティング用語です。採用の場面では、「氏名、性別、年齢、居住地、現在の会社名、職種、現職に就くまでの経歴、資格、出身校、学生時代の部活動、家族構成、趣味嗜好、性格的特徴、転職理由、企業選びの基準」といった情報を細かく定めます。

ここまで解像度を上げることができれば、集めるための効果的なメッセージを考えやすくなります。また、書類選考や面接選考で見極める際の判断が採用にかかわるメンバー内で揃いやすくなります。動機づけもしやすくなります。

候補者を採用したいということは、ペルソナと近い特徴を持っているということですので、自社に入るべき理由を言語化しやすくなります。

まとめると、ペルソナをつくるべき理由は、大きく3つあります。

①募集時に求職者への訴求がしやすくなる。
②選考時に見極めの基準がズレにくくなる。
③自社にマッチした候補者への動機づけがしやすくなる。

ペルソナを設定する意義は、おわかりいただけたと思います。

ただし、いきなりペルソナをつくろうと言われてもどうしたらいいか困惑するでしょう。今までにつくったことがなければ、当然のリアクションです。

採用人物像（WHO）の言語化手順

実は、ペルソナを設定するには、次の手順を踏んでいきます。

①要件の洗い出し（発散）。
②要件の優先順位づけ（収束）。
③ペルソナ設定。

つまり、ペルソナ設定の前に、2つの手順があります。順番に一緒に考えていきましょう。

①要件の洗い出し（発散）

まずはどんな人財を採用すべきか、思いつく限りアウトプットするステップです。

ポストイットに思いついたワードを書き記し、ノートやホワイトボードに貼っていく、そんなイメージです。

思いつく限りと言っても、切り口はあったほうがいいです。思考のモレがあってはいけないからです。そこで用いることをお勧めするのが、**「帰納的アプローチ」**と**「演繹的アプローチ」**の2つの切り口です。

「帰納的アプローチ」とは、簡単に言うと、今社内にいる従業員のなかから求める人物像を導き出すアプローチです。「Aさんのこういう性格っていいよね!」とか「Bさんが活躍しているのは○○のスキルがあるからだよね!」といったアプローチです。

「演繹的アプローチ」とは、これも簡単に言うと、今社内には存在しない能力、性格、志向から人物像を導き出すアプローチです。「これから事業を変革していくには、○○のスキルを持った人を採用したいよね」とか、「組織が同質的で、これからは多様性も必要だから、●▲の志向を持った人を採用しよう」といったアプローチです。

一般的に、事業環境が安定している場合には、帰納的アプローチの比重を高めに発散する傾向が出ます。一方で、事業環境を変えていかねばならない場合に、演繹的アプローチの比重を高めに発散する傾向があります。

あまりに片方のアプローチに偏りがある場合には、そのアウトプット量のギャップを見て、バランスを考えていきます。

なお、帰納的なアプローチで具体化するためには、成果を上げているメンバーの分析が有効です。インタビューも有効でしょう。WHYのところで、社員軸で過去・現在・未来を言語化することについて述べましたが、成果を上げている複数のメンバーに、「入社当時の想い」「働いている理由」「これからどうなっていきたいか」とパーソナルな軸でインタビューしていくと、共通の価値観などが浮かび上がり、求める人物像が明確になっていくことがあります。

彼らが持つ性格、志向を抽出して、分析するというわけです。

一方、演繹的なアプローチで具体化するためには、自社には存在しないわけですから、事業内容や組織を分析し、求める人物像を導き出させねばなりません。ポジショニングマップを活用し、「どのような人財が加われば、より良くなるか」「現状で不足しているのは、どういった人財か」を客観的に検討していくと、求める人物像が明確になります。

また、いずれのアプローチをする際も、**人の性格や能力を表現するボキャブラリー**

が不足していると、なかなか苦労します。

そこで、性格面のボキャブラリーを補うのに手っ取り早く有効なのが**「適性検査」**です。

従業員に適性検査を受けてもらい、成果を上げている人とそうでない人を性格面で分析していくのです。

また、能力面のボキャブラリーを補うのに有効なのが、経営学者や実務家などによる新しい時代の活躍人財像を参考にすることです。特に演繹的アプローチによる発散が不足している場合には、このアプローチは試してみたいところです。

具体的にやることでお勧めなのが「水平読書」です。水平読書とは、同じテーマの本を5〜10冊ほど複数並べ、そのテーマの箇所だけ抜き取って読んでいく読書法です。

たとえば、リーダー層を採用したいのであれば、「リーダー」「マネジメント」「部下育成」について書かれている本を10冊ほど購入します。「実際に今成果を出しているリーダーにはどんな特徴があるのか」「これからのリーダーはどんな要素が求められるのか」など知りたいことが書かれているかどうかを目次を確認して購入し、その部分だけを抽出して拾い読みしていく方法です。

山口周氏の『ニュータイプの時代』や越川慎司氏のトップ5%シリーズ『AI分析でわかったトップ5%社員の習慣』『AI分析でわかったトップ5%リーダーの習慣』『AI分析でわかったトップ5%社員の時間術』『AI分析でわかったトップ5%セールスの習慣』などは1つの参考になるかもしれません。

この要件の洗い出しステップでの口癖は、「それだけなの?」です。いかに発散させられるかが重要だからです。次のステップで収束をしますので、恐れず発散させることが重要です。このステップではダブりがあっても構いませんので、モレなく発散させましょう。

そのためにも、常に空白を持ち続けることが大事です。「どんな能力や志向、性格の人が自社に入社すると活躍できるだろう」と脳に空白を持つのです。そうすると、情報が入りやすくなります。脳には「空白の原則」というものがあります。空白があると埋めたくなるという心理現象です。この空白の原則を活用します。

ネット記事や書籍、日常の何気ない会話のなかで、要件の洗い出しにつながるヒントと出会えることでしょう。

②要件の優先順位づけ（収束）

要件をある程度洗い出せたら、優先順位づけをしていきます。ポストイットに思いついたワードを書き記し、ノートやホワイトボードに貼っていったとしたら、それらを3つの切り口に整理するのがこのステップです。

次の3つの切り口に分けていきます。

（1）価値観
（2）スキル（顕在）
（3）スキル（潜在）

（1）価値観……先天的なもので変えにくいものです。**自社のWHY（何のために）への共感**が表現されていることでしょう。「〜を大事にしている」と表現できるものがここに振り分けられます。

（2）スキル（顕在）……後天的に身につくスキルであるものの、入社時において顕在化されていなければならないスキルを指します。つまり、入社後の社員教育で**鍛えるつもりのないスキル**となります。「～することができる」「～するのがあたりまえ」と表現できるものがここに振り分けられます。

（3）スキル（潜在）……後天的に身につくスキルであり、自社の環境で成長する可能性のあるスキルを指します。つまり、入社後の社員教育、マネジメントを通じて**鍛えるつもりのあるスキル**となります。「～することができる」「～するのがあたりまえ」と表現できるものがここに振り分けられます。

※性格は、価値観でなく、スキルに分類されます。

（1）価値観と（2）スキル（顕在）が入社時に求められる要件（採用基準）として収束されることになります。

①の要件の洗い出しにおいてアウトプットされたすべてを採用要件にしてしまうと、採用競争力が強い会社でない限り、採用の実現性が低くなってしまいます。すべてを完璧に備えている人財は希少人財だからです。採用マーケットになかなか登場してこない希少人財か、そもそも存在しないスーパーマンのような非現実的な存在である可能性すらあります。

そのため、**要件を定める際には、採用と教育をセットで考えることがマスト**になります。

第3章でも述べたとおり、スキルは身につくものです。入社時点で備わっていなければならないスキル＝鍛えるつもりがない＝採用要件とすることを覚えておいてください。

この要件の優先順位づけでの口癖は、「本当にそうなの？」です。

この口癖を強制的に行なうために、**(1) 価値観、(2) スキル（顕在）、(3) スキル（潜在）に振り分けていく際にやること**があります。

それは、**「論拠」を書き記す**ことです。

◆価値観：どうしてその価値観を持った人でなければならないか？

◆スキル（顕在）：どうしてそのスキルを持った人でなければならないか？　入社時点で持っている必要があるのか？

◆スキル（潜在）：どうしてそのスキルを持った人でなければならないか？　入社時点で持っている必要がないのか？

このように論拠を書き記すことで、採用にかかわる人たちとの認識を合わせることができます。採用人物像を設定するプロセスを一緒にした人たちだけで、このあとの採用活動をするとも限りません。

「なぜこの採用基準にしたのか」を言語化しておくことは後々効いてきます。

候補者に動機づけする際には、

「あなたは～ということを大事にされているということですね。当社も～ということを大事にしている人に新たに入社していただきたいと思っています。なぜなら……」

と論拠を説明できます。

候補者を見極めする際には、判断に迷った際の拠り所になります。

どうしてその基準を設定したのか、その論拠まで前提を言語化して揃えておかないと、歪曲（わいきょく）や一般化が発生する恐れがあります。

たとえば、「コミュニケーション力がある」「地頭力がある」という表現は多義的です。人により解釈がバラつきます。そのため、**どうして採用要件の１つとして定めているのか、その解釈を揃えることまでやりましょう**（解釈が多義的なワードは初めからできるだけ具体化することも必要）。

そうすることで、求人活動をするにあたり、人材紹介会社や求人媒体会社を使う際も、それぞれの会社の担当者に説明がしやすく、認識が揃うのが早いものです。社内のメンバーに紹介を依頼するリファラル採用をする際にもこれは同様です。

次ページの図のようにまとめておくと、説明がしやすいですし、またアップデートも容易にできます。

私が過去にコンサルティングした会社のなかで、人材紹介会社を初めて利用する会社がありました。人材紹介会社との初回の打ち合わせ時点で次ページの図のように採用基準をまとめた資料とペルソナ設定があったおかげで、その打ち合わせ後、２週間

優先順位付け（収束）

スキル（顕在）	論拠	価値観	論拠
【コミュニケーション能力】 意思疎通を円滑に行うコミュニケーション能力がある。	社員やお客様との関係維持・構築に必要な為。 ⇒業務のなかで営業サイドの依頼をお客様に伝えることや、お客様からの依頼を営業に伝える場面が多く存在する為。（医療ということもあり、伝達ミスが命取りになることもある。）	命を尊重できる	医療に関わる仕事をするうえで必要な為。
【コミュニケーション能力】 礼儀礼節	基本的ビジネスマナーで相手を敬うことにもつながる為。 ⇒信用を積み重ねるため 正しく敬語を使える。（正しい言葉遣い。） ⇒相手に不快感を与えない為。 ＋お客様の信用を損なわないため。（医療という堅い職場ゆえ。） 身だしなみが整っている ⇒相手に良い印象を与える基本的な最低限のﾏﾅｰ。	成長マインドがある	コンピテンシーはじめ、当社で働くにあたって、 基本的なマインドとして必須。 ・パソコンスキルを高める意識…。 ・組織風土をより良く維持する為。 ・場（空気）を乱さない為。
【コミュニケーション能力】 柔軟性がある （妥協力がある。変化に対応できる。頑固ではない。）	納品ルート等、臨機応変に対応し発想の転換を即時に行う必要がある為。 膨大な商品を扱うため、商品知識を吸収できる柔軟さが必要。 物を運ぶだけではなく現場対応が必要な為。	GIVER 精神	お客様は勿論のこと、仲間と働くうえでも必要な為。
【コミュニケーション能力】 会話が好き	納品等でお客様と会話する機会が多い為。	仲間の幸せを願える	共に幸せになるために、何をするべきか考えることが出来る為。
【性格】 ・前向きである。 ⇒新奇性が高い。 環境の変化や新しい取り組みに対して前向きな傾向。	・業界が過渡期に入っていくなかで、新しいｺﾄ･ｻｰﾋﾞｽを展開する必要が出てくる。その中で前向きに挑戦していく必要があるため。 ・場の空気をより良くする為。	相手の立場になって物事を考えられる	・思いやりをもつことが、仕事をするうえで必要な為。 ・院内においては患者さんへの配慮や気配りもすぐに必要であるため。 ・人が困っている（日常業務が多く、手が回らない等）際に手を差し伸べることが出来る。
【性格】 ⇒主張傾向が高い 積極的に発言し、主体性があると見られやすい傾向がある。	「この方がうまく仕事がまわると思います。」など、主体性をもつことで、周りの人やﾁｰﾑに良い影響を与えられる為。		
【性格】 状況受容傾向が低い。 ⇒低いと問題・課題を解決しようと思う。 ⇒高いと問題・課題を受け入れてしまう。放置。	物流部門として日々発生する問題や、改善するべき事象がある為、 問題発生時に改善する主体的スタンスが必要。		
【性格】素直	・仕事のコト、お客様のコト、スキル…等、様々な事を吸収する能力が必要な為。		
【性格】 （負の）感情のコントロールが出来る ⇒感情抑制傾向が高い？	論理的思考で冷静な判断を下せるよう。 場の空気を乱さない為。		
【責任力】 体調管理を徹底している	突然の休みで迷惑をかけない為。 重たい荷物を運ぶ機会も多いため、ある程度の体力が必要。（虚弱体質ではない）		
【ビジネススキル】 基本的な IT リテラシーがある。 （基本的なパソコン操作、Excel、Word やモバイルツールを使いこなせる。）	パソコンやスマホで、LINE や Google ツールなどをすぐに使う必要がある為。 （販売管理システムをすぐに覚え、使用してもらう必要がある為。）		
【必須スキル】 車の運転免許。安全運転ができるか。道に迷わない・地図が読める。	運転できなければ話にならない為。		
【持続力・忍耐力】 集中力や注意力がある人	誤配を防ぐ為。		
【忍耐力】 ストレス耐性がある	リーダーになると様々な意見を聞き解決しないといけない為。 時にストレスフルな仕事もあり、それを乗り越えるため。 社内外での人との関わりのなかで、負荷を感じる場面も多い為。		
【責任力】 責任感がある人（決められたことをやり抜く力。）	チームのチームのリーダーとして説得力のある行動をとらないといけない為。		

▼採用人物像（WHO）言語化シートの例

募集部門：物流	ペルソナ→若くて3年以内で物流のリーダーになっていく人。

要件の洗い出し（発散）

演繹的アプローチ	帰納的アプローチ	スキル（潜在）	論拠
人をまとめるコミュニケーション能力	集中力や注意力がある人	【問題解決力】 課題発見能力がある	物流部門としての現状を把握・分析し、問題を見つけていく力が必要な為。
体力のある若年層	礼儀礼節	【問題解決力】 ・目的・課題・問題をクリアする為に、何をするべきかという計画を練ることが出来る人 ・課題の解決策をみつける発想力（アイデア力）がある。	・限られた資源で、無駄なく目的を達成する為。 相手に迷惑をかけない為。 失敗を繰り返さない為。 ・営業フォロー体制、出荷検品の物流業務等の課題を解決する際、物事を様々な視点で考え、解決出来るアイデアが必要な為。
パソコンスキル	責任感がある人	【提案力】数字に強い （ペルソナ：理系人財。）	会社の「在庫数量を減らす」等の提案を営業サイドにする際に、根拠をもって説明でき
計画性がある人	素直	【提案力】 論理的である。感覚（なんとなく）で話さない。	事象に対して、冷静に正しい判断を導き出す為。 （説得力が増す。納得感が増
監視能力がある人	真面目	【思考力】 優先順位を間違えない	相手に迷惑をかけない為。
		【思考力】 思考の言語化ができる	社内での決め事を決める時の言語化、そして決まり事を、相手に伝わる言葉で伝える必要がある
決められたことをやり抜く人	主体的	【責任力】一貫性がある	発言内容に一貫性が無いと、人として信頼出来ない為。
原因を追究できる（しないと落ち着かない）	積極的	【決断力】 どんな状況でも焦らず対応でき、判断を下すのが早くて的確	緊急対応が必要な事が多い為。冷静に正しい判断を下すことが必要な為。
言うべきことを言う強さがある	行動力がある	【決断力】 捨てる仕事が見極められる	限られた時間でやるべきことに集中する選択をする為。
優先順位を間違えない	柔軟性がある	【行動力】 行動力（実行力）がある ※行動⇒計画の有無に関わらず行動を起こす。 ※実行⇒計画を設定し、実行するスキル。	あるべき姿を実現する為に会議で決めたやり方を実行する（実行させる）力がないと、今のやり方がそもそも正しいかどうかの判断ができない為。 正解を求め過ぎるあまり行動・実行出来ない人（石橋を叩き過ぎる人）ではなく、まずは決めた行動・実行を着実に行うことが、物事を前進させるには必要な為。
数字に強い	丁寧	【統率力】 監視能力がある人	個々の仕事を把握し、より生産性を高める為。
発想力がある	チャレンジ精神がある	【統率力】 言うべきことを言う強さがある	相手の成長を自分ごととして考える為。
判断を下すのが早くて適格	コミュニケーション能力がある（人間関係を円滑に保てる）	【コミュニケーション能力・統率力】 人をまとめるファシリテーションスキルがある。	会議などの場で、チーム内で話し合いを行う際、それぞれの意見を引き出し、調整する力が必要な為。 （社員への動機付け・1 対多数にも対応出来る。）
課題発見能力がある	感情のコントロールが出来る	【分析力・ビジネススキル】 エクセルの関数を使いこなすことが出来る。	提案資料（数字の分析）や会議資料作成に必要な為。
思考の言語化ができる	論理的である		
捨てる仕事が見極められる	レスポンスが早い		
どんな状況でも焦らず対応できる	計画的に行動できる		
	挨拶ができる		
倉庫管理経験者	身だしなみが整っている		
レイアウトを考えるのが得意	体調管理を徹底している		

で15名の推薦をしてくれました。

初回打ち合わせ時というのは、人材紹介会社の担当者があれこれとヒアリングして、「どんな人財を求めているか」「なぜこのような人財を求めているか」を整理する場ですが、多くのケースでは、採用する会社側が整理されていないものです。故に初回の打ち合わせでは、わかったような、わからないようなままタイムオーバーになることが多々あります。

事前に考え抜いて採用活動を始めるというのは、まさに「急がば回れ」です。

この会社では、本格的な採用活動が初めてにもかかわらず、約2カ月で40名を超えるエントリーがあり、そのうち3名を採用することができました。自社に合いそうな人の推薦ばかりが続いたのは、「どんな人財を求めているか」「なぜこのような人財を求めているか」を苦労して考え抜いたからに他なりません。

③ペルソナ設定

要件の優先順位づけができたら、次はその人物像の解像度を上げるためにペルソナ設定をしていきます。①要件の洗い出し（発散）、②要件の優先順位づけ（収束）だけだと、イメージが揃いにくいからです。

ペルソナ設定は、舞台の配役を決めることと同じです。

◎今、会社という舞台にいる従業員たちが幸せになるためには、どんな登場人物を加えるといいだろうか？

◎この物語をハッピーなストーリーにしていくには、どんな登場人物が最適だろうか？

◎新たな登場人物は、当社に入ったら一緒に幸せになれるだろうか？

このように**脚本家になったつもり**で考えます。

ペルソナをつくる際は、「この人なら間違いなく採用する」というキャラクターにするのがポイントです。

・氏名（フルネーム）
・性別

・年齢
・居住地
・現在の会社名
・職種
・現職に就くまでの経歴
・資格
・出身校
・学生時代の部活動
・家族構成
・転職理由
・企業選びの基準
・性格的特徴
・価値観
・趣味嗜好
・現在所属する組織での役割（経験・スキル）

・他者評価
・就職企業に求めるもの（人軸／仕事軸／会社軸／待遇軸）

といったことを言語化していきます。

採用コンサルティングでは、そのペルソナをつくった人にペルソナ役になっていただき、「ペルソナ面接ワーク」を行ないます。面接のやりとりを踏まえて、本当にペルソナとして適切かどうかを採用プロジェクトメンバー全員で判定します。これを何度か繰り返していくうちに、自社で採用すべき人物の解像度が上がっていき、メンバー内で共通化されていきます。

①要件の洗い出し（発散）、②要件の優先順位づけ（収束）の段階では出てこなかった要件が出てきたり、逆に、不要な要件だと判断されたり、ということもあります。

また「ペルソナ面接ワーク」をやることで、そのペルソナの行動や心理まで掘り下げることができます。特にペルソナの感情的な部分まで、メンバー内で認識を揃えることができると、その後、自社に入る便益を言語化しやすくなるものです（詳しくはWHATの項で解説します）。

▼ペルソナ面接ワーク

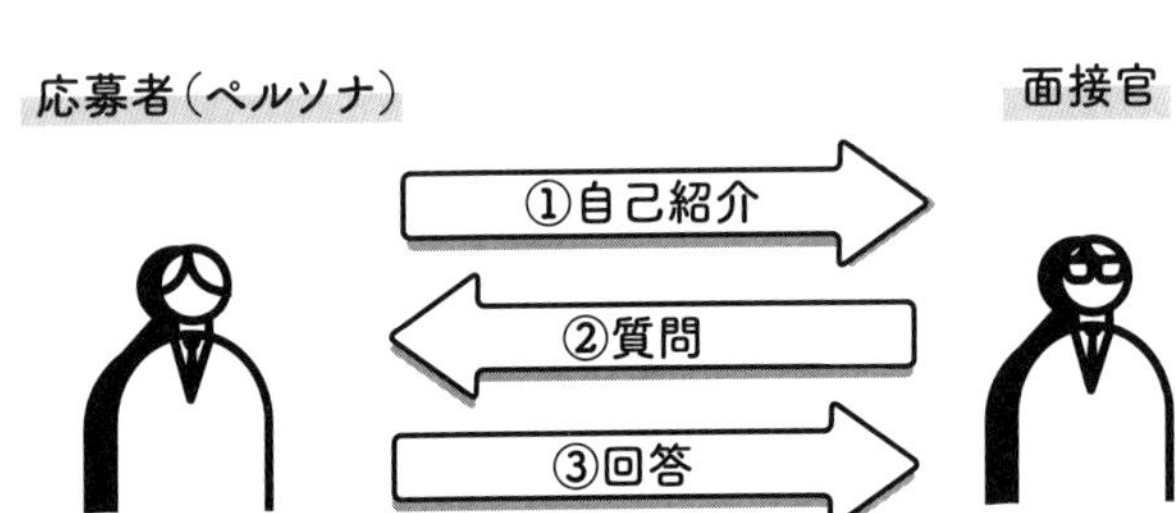

【ペルソナ面接ワークチェックポイント】

□ペルソナは、「この人と一緒に仕事をしたい」と思える人を表しているか？
（入社後の役割を前提に、就業イメージを具体的に持てた）

□ペルソナは「本当にこんな人がいる」と思えるようなリアリティがあるか？
（あまりにも現実離れしている人ではない）

□ペルソナは「自社側の理想」だけでなく、「候補者側のニーズ」も満たせるか？
（「当社に入社したい」と、意思決定する可能性のある人だ）

なお、このプロセスは、現場だけに任せ

ると、自分に近い人を採用基準にしがちです。人には誰しも類似性バイアスがあるからです。

そのため、経営陣を含めた関係者全員ですり合わせをして調整を図ります。この段階で、経営陣と現場との間で採用人物像が揃っていると、募集から選考、入社までの見極めのプロセスが非常にスムーズにいきます。全員でコンセンサスを取っているからです。採用活動をしながら修正することはもちろんありますが、採用すべき人物の認識を揃えておけば、微調整で済むことがほとんどです。

このペルソナをつくるまでのプロセスを通じて、採用にかかわるメンバー同士のイメージが揃っていきます。このプロセスそのものにとても大きな価値があります。

採用チームを組織して、このプロセスを行なうと、メンバーが「我々の仕事において必要な価値観やスキルとは何か」を客観的に考える機会となります。結果、一現場スタッフだった方の視座がグッと上がり、自社や自分たちに求められるものが何かを見られるようになっていくことは珍しくありません。「これはうれしい副産物」だとコンサルティング先の社長からはよくおっしゃっていただきます。

ＷＨＡＴ：求職者に提供できる価値は何か？

――入社するベネフィットの言語化

求職者の内面に徹底的に目を向ける

自分の「尺度」では、受け手の喜びの大きさも、悲しみの深さも、測ることはできない。

「ココロとカラダ、にんげんのぜんぶ」「未来は、希望と不安で、できている。」などの広告コピーで知られる、元電通のクリエイティブ・ディレクター山本高史氏の『伝える本。――受け手を動かす言葉の技術。』の一節です。

どんな人を採用するか（ＷＨＯ）を明らかにして、その人がどんなことに喜びを感じるのか、どんなことに今悲しみを感じているのかを想像する。だからこそ、その人に対して自社に入社することで得られるベネフィットを伝えることができます。

一方で、世の中には、自分に合うかどうか判断がつかない求人情報があふれています。

先日、ある会社の採用責任者の方から、求人票作成に関する相談を受けました。

「これを読んでどう思いますか？」

と、自社の魅力、仕事の内容、入社後の流れ、評価制度、将来のキャリアパス、募集要項などについて詳細にまとめた資料を共有してもらった私は、次のように答えました。

「これを読んで、どんな人にどう思ってもらいたいのですか？」

その方は、口籠ってしまいました。

その求人票の見出しには、こうありました。

【製造職（機械加工の仕事）】年間休日125日+平均有給休暇取得日数15日

求人票の見出しは、「自社のことを、何よりも先にどう認識してほしいか」を表現するものです。

この見出しにしたということは、「プライベートも充実させたい人に」「休みがしっかり取れる会社ですよ」と、何よりも先に認識してもらいたいということになります。

「そういうことでいいですか?」と私は尋ねたところ、

「……いや、そうではないです」とその方は答えました。

そして、しばらくしたあと、このようにおっしゃいました。

「そういったことは考えずに思いつく限り、言葉にしていました。この見出しも今思えば、『求人票の見出しってこういう感じかな』と、なんとなくつくっただけのような気がします」と。

今回挙げた事例のみならず、会社側は意外と自社で働くことのベネフィットを正しく認識していないものです。

採用においても、営業においても、**情報の受け手である相手（求職者・お客様）が**

誰で、「何に興味があるのか」「何に『不安・不満・不便』を感じているのか」がわからなければ、何を伝えるのかを決めようがありません。

求職者に刺さるメッセージや見出しを取捨選択する際には、求職者の内面に徹底して目を向けることが重要です。そうすれば、どう表現すればいいかが見えてきます。

そうすることで、求職者に

「これはまさに私にピッタリの会社（仕事）だ」

と思ってもらえます。

人材紹介会社を活用するのであれば、求職者担当の方に「これはまさに○○さんにピッタリの会社（仕事）だ」と思ってもらえます。

従業員12名の会社に1・5カ月で37名の応募者があった理由

ここで求職者の内面を考えることの重要性について、あるコンサルティング事例を紹介します。

医療機器専門商社のT社という会社がありました。募集していたのは、医療機関に定期的に消耗品をお届けする物流部門の仕事。倉庫内での商品管理（荷受け、仕分け、入庫入力、ピッキング）や取引のある医療機関商品への配送が主な業務です。

仕事そのものは物珍しいものではありません。その仕事内容を求人票に載せるだけでは、その他大勢の求人のうちの1つでしかなくなってしまいます。

そこで一緒に整理したのが、WHYとWHOです。

「何のためにこの事業をしているのか」、

「何のために今回募集するのか」、

そして、

「どんな人を採用するか」。

社長や採用チームのメンバーと一緒に対話を重ねながら、深掘りしていきました。

そこで浮き彫りになったのは、以下のことでした。

◎「医療機器をただ販売する中間業者としてではなく、医療従事者の皆様が本当の意味で医療行為に向き合えるような医療環境を整えるために活動する」という社長から現場まで一気通貫している信念。

◎また、社員教育には熱心で、月1回、社長や幹部を含む全員で360度評価を実施し、自己を省みる機会を設けていること。

◎そうやってお客様視点で日夜まじめに一所懸命に業務にあたる姿勢が、まさに医療機関に評価され、選ばれ続けていること。

◎さらに、これからは医療機器の販売のみならず、教育やマーケティングなどさまざまな形で医療機関をサポートできる商社になりたいこと。

一方で、社員の高齢化が進み、60歳を超えるメンバーが大半という状況にありました。将来的なことを考え、知識やノウハウを確実に引き継いでいくためにも、今のうちから若年層人財の採用に踏み切る必要がある。それが採用目的であると、共通認識をしました。

どんな人を採用するか。これについては、「入社後3年以内に物流部門のリーダーを担える人物」を想定し、演繹的アプローチと帰納的アプローチで要件を洗い出したうえで、ペルソナ設定をしました。

このペルソナの内面は次のようなものでした。

◎現在営業職として人とかかわる仕事にやりがいを感じている。

◎一方で、短期的なノルマ達成に追われることに疲れを感じ始めている。

◎お客様の需要の有無次第で、取引は短期で終わることのほうが多く、喜んでもらえているという実感が湧きにくい。

◎そこで、今の仕事よりも深くお客様とかかわれる営業職を探している（営業職以外に自分にできそうな仕事は想像できないので、営業職を軸に探している）。

「こんな人はいるだろうな」というリアリティを持ち、そこで次のようなメッセージを考えました。

「ノルマがきつくて営業はしたくない！　でも、お客様と密にかかわれる仕事がした

▼ペルソナシート（募集部門：物流）の例

【属性情報】	【仕事上の役割】
・名前：成瀬 翔 ・性別：男性 ・年齢：25 歳 ・会社（学校）：人材派遣会社 ・職種：営業 ・勤務地：大阪市 ・居住地：寝屋川市（京阪電鉄沿線） ・家族構成：父・母・姉（2 歳年上） ・年収（月収・賞与）：年収 390万円（うち、賞与70万円） ・出身校：摂南大学 経済学部 ・これまでの経歴：大学時代コンビニでバイト→卒業後、正社員営業職 ・資格：普通運転免許、PC は基本操作可能（IT パスポート等の資格あり）	現職の内容（WHAT）～どんな活動をしているのか ・担当業務：営業 ・仕事上の役割：主にルート営業・派遣社　員派遣先企業へ　のフォロー ・役職：なし ・裁量権：後輩一人 ・業務で重視していること ビジネスパーソンとして、見た目や礼儀は意識している。 指示された業務は雑務でもきっちりこなすようにしている。 職場の人やお客様との会話はなるべく自分から積極的に声掛けをしようとして、困っていることがないかの確認をしている。 自分の決めごととして、1ヵ月に1個は誰かの業務を覚え、何かあった際にフォローできる様にしてきた。その中で効率よく改善出来そうなものは改善してきた。
【パーソナル情報】	【仕事観】
・ライフスタイル： 平日は毎日 21 時頃帰宅。休日は自宅で過ごすか彼女と出かける。 ・価値観： 自分自身を成長させて高めたい思いはあり、仕事にも真摯に取り組もうと考えている。 仕事と私生活どちらも大事にして、メリハリをもって両立したいと考えている。（プライベートや家族との時間も大事にしたい。） 仕事を早く覚える為には、年齢や、実務経験の長短関係なく、人のアドバイスに素直に耳を傾けることが自己の成長に繋がると信じている。 ・趣味嗜好： 半年前から1週間に2日はランニング をする様にしている。 身体を動かすことが好き。 キャンプが好き。 YouTube を見るのが好き（お笑い系など）、マンガ好き 読書⇒最近はアンガーマネジメントを読み実践しています。 美味しいものを食べに行くことが好き。 ・性格的特徴： 会話することが好き。外交的。 温厚な性格であるものの、負けず嫌いな一面もあり。 真面目で指示されたことはきっちりこなす。 ・明るく、困難があっても、プラス思考である。	・働く目的（WHY）～なぜ、何のためにやるのか？ 社会に少しでも貢献したい 自立して親を安心させたい。20代のうちに結婚するためにも真面目に働きたい。 公私ともに充実させる為にも、仕事は仕事できっちりやりたい。 ・キャリア形成の考え方、目標、将来ビジョン、ゴール～なりたい姿、ありたい自分 ・人をマネジメントする立場にはなりたい。 営業を経験しているため物流をマネジメントする際は、営業マンの意見もしっかり取り入れつつ、かつ、お客様の意見も聞き入れる形でマーケットインの発想で物流チームの運営をしたい" チーム運営や人のマネジメントをしていける人になりたい。 収入面的には、ゆくゆくは同世代の平均より少し高い収入を得たい。 ・転職理由 コロナ禍により、宅配サービス等を利用することが増え、正確に物が届くという物流の価値を知った。 その中でも社会インフラを担う物流も行う営業会社がある事を知り、物流として社会への貢献が出来る仕事をしたいと感じた。 営業として、人と関わることは楽しかったが、 前職での経験を通じて最前線で数字を作っていくというより数字にとらわれず、人と関わる仕事があると知り、興味が湧いた。 ※前期目標は達成したが、目標に疲れてしまっており、そこからは解放されたい。 ・就職企業に求めるもの～人軸／仕事軸／会社軸／待遇軸 社員同士の仲がよく、協力し合える仲間のいる会社 祝日の出勤はある程度は可能であるが、残業が30時間／月くらいでかつ予定組みやすい 業績が悪くないこと。 医療という安定した業界。

い」

これならば、興味を持ってもらえるはずだ、と。

そこで、仮説に基づいて、求人票の見出しにこのメッセージを打ち出し、求人を開始しました。すると、まさにペルソナのイメージに近い方々から応募が相次ぐ状況となりました。

自身の内に秘めた気持ちが、求人票に表現されている。そうすると、「これはまさに私のための求人だ」と思ってもらえます。結果として1・5カ月で37名の方々から応募があり、そのうち厳選した3名を採用するに至りました。

自社が求める人財が今何を求めていて、自社が提供できるものは何かを考え続ければ、自社が提供できる価値（WHAT）を言語化することができるのです。

企業側と求職者側に存在する「情報の非対称性」を認識しているか？

採用活動（就職活動・転職活動）は、企業と求職者とのマッチング活動です。

しかし、両者には「情報の非対称性」が発生しています。片方が持っている情報ともう片方が持っている情報とがイコールになっていません。情報の量・質に較差があります。

そのために、企業側は求職者のことを知る努力をするとともに、自社の情報を開示する必要があります。

会社選びは人生を左右します。だからこそ、情報を開示することは企業側の責任です。情報量の不均衡をなくし、求職者に正しく判断してもらえるよう努めるのが企業側のあたりまえのスタンスです。

ただし、これは「言うは易く行なうは難し」。そう簡単なことではありません。人は無意識に「省略」をするものだからです。

それは、採用活動をする企業も同じです。その会社にとって「あたりまえ」と思っていることは、「省略」してしまうものです。「そんなこと説明しなくても、常識だよね」と、自分たちが持っている前提は「自分たち以外も同じだよね」と決めつけるところがあります。だから無意識に「省略」は発生します。

企業側は、このことを認識したうえで、意識的に「相手（求職者）にとっては、自社があたりまえと捉えていることであっても、初見初耳かもしれない」と思い、省略せずに言葉を尽くす**必要**があります。

感覚的には、「相手を『外国人』だと思って話す」くらいの姿勢です。実際に外国人を採用するときはもちろんですが、同じ国籍の人を採用する場合でも、同様です。一緒に働いた体験がない**以上**、風習も文化も異なります。「あたりまえ」と思っている前提が異なります。だから、相手を「外国人」だと思って話すくらいの姿勢が大事なのです。

このことから、自社と求職者とがマッチしている点を整理して、その**マッチングポイントには「具体例、エピソード」を言語化する**ことが必須となります。

なぜマッチしていると言えるのか、イメージが揃うだけの解像度を上げることが必要だからです。

具体例、エピソードがないと、カメラのピントが合っていないような、視力の悪い人がコンタクトレンズなしで見たときのような感覚で、説得力がありません。

左から1列目にはペルソナが求めていること、2列目には自社が提供できること、3列目にはその論拠として具体例やエピソードをまとめます。

先ほどのT社の事例を当てはめると、次のようになります。

【ペルソナが求めていること】

数値目標がなく、今の仕事よりも深くお客様とかかわり、喜んでもらえている実感を持てる仕事。

【自社が提供できること】

物流として商品を運ぶだけではなく、日々お客様とコミュニケーションを取り、困りごとの聞き取りをする仕事（実際の提案をするのは営業職のため、物流職にはノルマはない）。

▼「マッチングポイント」整理シートの例

ペルソナ（氏名）	自社名	論拠：具体例・エピソード
自分自身を成長させて高めたい思いがある。 いずれマネジメントする立場にはなりたい。	当社には、自身の成長機会が用意されており、 成長意欲のある人は、年齢に関係なく登用される。	・Kさんは物流にうつり、約3年で物流のリーダーなった。 ・B次長は30代前半から営業を統括する仕事をやっていた。 ・月1回の社内研修では 360°評価をするため毎月自己分析し、思考のメンテナンスが出来る。 ・意欲があれば外部研修・セミナーにも参加できる。 例：営業ロープレ研修 例：Web(SNS.Youtube) を使ったマーケティングセミナー 例：絶対達成プライムの音声教材＋月1回のオンラインセミナー、サブスク教材活用 例：医療に関するセミナー各種 ・自主的に学びたいことがあれば、勉強会を主催できる
何か社会に少しでも貢献したい（と漠然と考えている）	当社は、医療介護の現場に貢献している。	・コロナ禍であっても、病院に出来る限り欠品を起こさない様に、営業・物流が物品の確保、倉庫管理を協力体制で解決してきた。 ・Kさんは、お客様から「Kさんがいないと私たちの仕事が回らなくなる」「Kさん以外の人には担当してほしくない」と言われるほど貢献。 ・「何か困ったことがあったらまずは当社に相談する」というお客様が複数ある。 ・SPD業務の導入により医療現場の負担やコスト削減できている。 （SPDとは病院経営をサポートするための医療材料全般を管理するシステム） ・期限管理や誤配管理で安全面を考えながら日々活動している。 ・台風の災害に遭われた病院に昼夜問わず必要物品を届け、表彰された実績もある。
できるだけ安定した業界に就職したい	医療という必要不可欠な業界であり、 景気や災害の影響が少ない。	・災害時にあっても、常に医療は必要とされる。 実際、リーマンショック・東日本大震災・コロナ禍であっても、大きな売上の変動がなかった。 ・高齢化もあり、将来的にも大きな可能性を秘めている。
親を安心させたい。 20代で結婚したいので、次は長く働きたいと思っている。	離職率が低い	・7年間、社員が1人も辞めていない。 ・小さな悩みでも真剣に聞いてくれる社長の存在がある。 ・「強くて愛される会社」を目指すため、会社サーベイを実施。スコアが低い項目を課題設定して解決に取り組んでいる。
仕事と私生活どちらも大事にして、 きちっと両立したいと考えている。 （プライベートや家族との時間も大事にしたい）	原則土日祝休み（月1回の土曜日研修あり）	・Kさんは1週間お休みをいただき、新婚旅行に行かせていただいた。 ・社員が夏季休暇（3日間）を利用して、平日含む日程でプライベート旅行を楽しんでいる。 ・事前に協力を依頼すれば、定時に帰ることは問題なく可能である（お互い様の精神で、皆で協力し合う文化がある）。

【論拠として具体例やエピソード】

・コロナ禍の混乱のなかでも、医療機関が欠品を起こさないようにできたのは、物流メンバーがお客様とコミュニケーションを取り、物品の確保、倉庫管理をしてきたからだった。

・スタッフＫさんの具体例：医療機関Ａ様からは「Ｋさんがいないと、私たちの仕事が回らなくなる」と言われている。このようなお声はとてもうれしい。貢献できている実感を持ちながら仕事させてもらえている。責任は大きいが、それだけやりがいがある。

具体例、エピソードを言語化する際には、以下の２つを意識するといいでしょう。

①４Ｗ２Ｈの切り口で具体化する。
②固有名詞化する。

リアリティを持ってもらうためには、①②がポイントです。

実際に求人票に掲載するか、面接等の個別場面で伝えるかどうかは、一切度外視して、ここはアウトプットしておきます。

これらの素材を整理しておくことで、以下の場面で活用ができます。

◎実際に求人票を作成する際。
◎協力会社（求人媒体会社や人材紹介会社）の担当者と打ち合わせする際。
◎面接やカジュアル面談の際。

このような場面では、とっさにアウトプットすることは難しいものです。

特に面接やカジュアル面談の場面で動機づけをする際には、相手に合わせて、自社とのマッチングを伝えなければなりません。

事前にこのマッチングポイントを整理しておき、面接やカジュアル面談を行なうメンバーが把握しておけば、動機づけの再現性が上がります。

目の前の相手に合わせて、マッチングポイントを伝えることで動機づけができるようになります。

なお、マッチングポイントは、**「PREP法」**を基にしています。

PREP法とは、Point（結論）、Reason（理由）、Example（具体例）、Point（結論）の順番で話す方法です。頭文字を取ってPREP法と言います。

つまり、

◎Point（～なんです）
◎Reason（なぜかっていうと、～ですから）
◎Example（たとえば、～なこともありました）
◎Point（だから、～なんです）

というものです。

プレゼンテーションなど、説得力のある話し方を求められる場面にお勧めの型です。ビジネスの商談の場面では、さまざまな要素に基づき購入するかしないかの判断が下されます。営業担当者はお客様の問題、課題を把握し、他社でなく自社だからこそ

▼ USPを見つける（ビジネスの商談の場面）

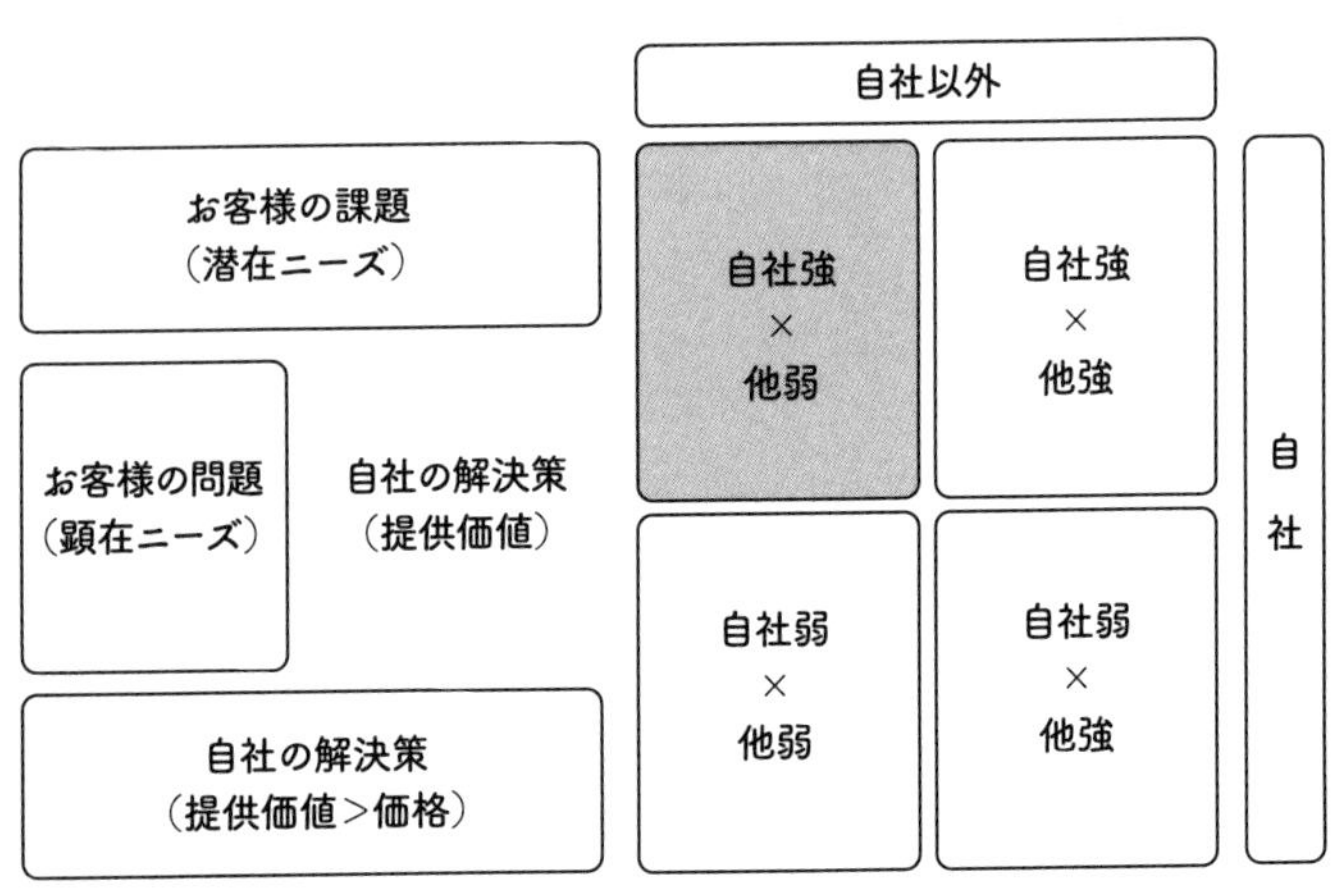

提供できる強みを前提に自社の解決策を提示します。お客様はその提案によって最も価格以上の価値があると感じれば、購入という判断をします。

採用の場面でも、候補者が求めている価値と自社が提供できる価値は何か、他社では提供できない価値は何かというＵＳＰ（Unique Selling Proposition、独自の強み）を見つけることが理想です。

ただ、そう簡単なことではありません。1つのＵＳＰで自社に入社する価値を主張することは簡単ではないのです。そのため、マッチングポイントは1つでなく、多ければ多いほどいいのです。多ければ多いほど動機づけができます。

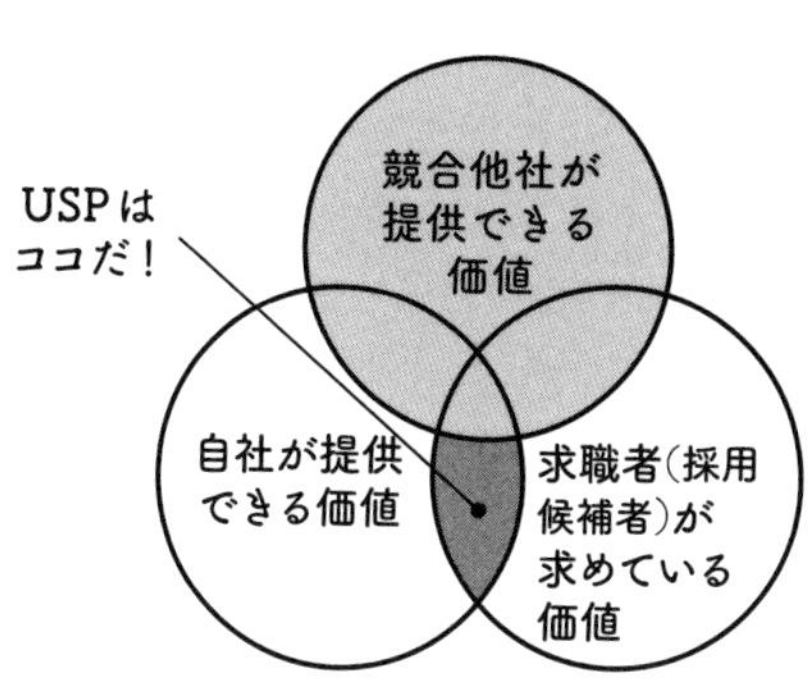

なお、ここのマッチングポイントのなかには、WHY（何のために事業、仕事をしているのか）につながる行動の具体例やエピソードも含まれていることがいいでしょう。「ペルソナにとって自社がどういう存在なのか？」という視点を持ち、マッチングポイントを整理してきましょう。そうすることで、企業側と求職者側に存在する「情報の非対称性」は解消されていきます。

完璧な会社はない

ここまでの説明で誤解してほしくないことがありますので、付記しておきます。

それは自社のことを良く見せようと思わないことです。この世に完璧な会社はありません。たとえば、先ほど紹介したT社は、当社が提供している「強くて愛される会社サーベイ」を受検し、会社としての偏差値を出しました。

さまざまな指標のうち、スコアが高いところがある一方で、スコアが低いところもありました。完璧な会社などありませんから当然のことです。

大事なのは、その結果を踏まえて、改善に取り組む姿勢と実際のアクションです。実際にT社には、その姿勢とアクションがありました。

T社が行なったのは、そのスコアを面接にお越しになった候補者に見せることでした。そのうえで、「一緒に改善していこう」と伝えました。

つまり、T社が行なったことは次のことです。

◎スコアが高いところは、入社するベネフィットとして候補者にアピール。
◎スコアが低いところは、「一緒に改善していこう」というスタンスで候補者に情報開示。

会社の現状として、他社と比較していいところはアピールすべきですが、改善すべきことを隠しておいては、情報の非対称称は解消されません。

これもT社が採用に成功した一因と言えるでしょう。

言葉は「約束」

ここで、元電通のクリエイティブ・ディレクター山本高史氏の『伝える本。――受け手を動かす言葉の技術。』のうち、もう1つ大事な一節を紹介します。

言葉は「約束」だ。約束だから正確にしなければならず、破ると嘘つきと呼ばれる（はず）。

言葉は「約束」です。だからこそ、求人票を書くのを誰かに任せてはいけません。

私もこの本を誰にも任せず、自分ですべて書いています。実際伝えることは大変です。労力がかかります。任せようと思えば、言いたいことは代わりに誰かが書いてくれます。

でも、私はそうはしません。この本に私の想いすべてを注ぎ込みたいからです。言いたいことは、技術のある人が言葉にしてくれるでしょう。でも、想いのない言葉は誰にも届かない、私はそう思っています。誰かに任せたらリアルな想いは誰にも届かない、と。

採用活動は1人ではできません。社内はもちろん、社外の協力が必要なことが大半です。

でも、だからと言って、その多くを外注することを私はいいと思いません。伝わらないからです。誰かがうまくまとめてくれた文章に共感して、それでいいのでしょうか？

求職者がエントリーシートや適性検査を誰かに任せることはあってはなりません。あなたもそう思うでしょう。

それなら、企業側の我々は求人票作成を誰かに任せていいのでしょうか？

今は書類選考を外注する会社もあるようです。面接や内定者フォローを外注する会社もあるようです。

人員不足で外注することは全否定しません。ただ、それがあたりまえになっていくことについて、私は違和感があります。

それは、言葉は「約束」だからです。約束なら、自分の言葉ですべきです。これから共に働くメンバーへの言葉です。約束なら自分の言葉ですべきだと思うからです。

企業は継続していかねばなりません。

あなたの会社がこれまで継続してきたのは信用が土台にあるに違いありません。あなたが新たに採用する人財は、あなた（の会社）を信用して、あなた（の会社）の言葉を信用して入社をします。

言葉で約束をして、それが実現することによって、あなた（の会社）への信用はつくられていきます。あなた（の会社）は、これから採用する人に何を約束しますか？

WHYから始め、WHOとWHATを整理する

――第4章のまとめとして

人は「WHY」に心が動かされます。「WHAT」の訴求だけではどうしてもコモディティ化され、同じように見られてしまいます。だからこそ、「WHY」で他社との違いを示すことが必要です。

「WHY」のストーリーやエピソードに共感する人が必ずいます。むしろ、「WHY」に共感しない人ならば、採用すべきではありません。

「WHY」が他社との差を生み出せる最大のポイントであり、きわめて重要なメッセージです。

「何のためにこの事業をやっているのか」
「何のためにこの会社で働いているのか」

を具体的なストーリーやエピソードを交えながら、求職者に伝え、そこに共感する人を採用する。これを実践していきましょう。

どんな人を採用すべきか（ＷＨＯ）。これは、「ＷＨＹ」への共感に加え、スキルの観点での言語化も必要です。スキルは鍛えれば身につくものです。その前提に立ち、入社後に会社が鍛えるつもりのあるスキル（潜在）とそうでないスキル（顕在）の境界をはっきりさせるべきです。

これにより、入社後に活躍するのに必要なスキル（潜在）は教育していく方針が明確になります。入社時点で必要なスキル（顕在）と自社と共通する価値観が採用基準です。この採用基準を整えるプロセスを通して、採用方針と教育方針を社内で揃えていきましょう。

採用すべき人にどんな言葉を伝えればよいか（ＷＨＡＴ）。

それは「ＷＨＯ」で設定したペルソナの内面を想像して、「どう思ってもらえればいいのか」「そのためには何を伝えるべきか」を考えることです。

採用活動とは、企業と求職者とのマッチング活動にもかかわらず、両者には「情報の非対称性」が発生してしまうものです。企業側が無意識に伝えるべき情報を省略してしまうことのないよう、自社に入社すべきポイントとその理由、それを裏付ける具体的な事例やエピソードを語ることがポイントです。

完璧な会社は存在しません。不完全な部分はありのままを伝え、だから一緒に改善していってほしいという期待を伝えることも重要です。このプロセスを通じて発する言葉は、相手への約束です。あなた（の会社）の言葉でどう約束するのか、採用活動を始める前に考えてみましょう。

ここまで「いい人財を採用する戦略策定の5ステップ」のうち、

①ＷＨＹ：何のために採用するか？（採用目的の言語化）
②ＷＨＯ：どんな人を採用するか？（採用人物像の言語化）
③ＷＨＡＴ：求職者に提供できる価値は？（入社するベネフィットの言語化）

を解説してきました。

次の章では、5ステップの残りである

④ＷＨＥＮ：いつ伝えるか？（動機づけ&見極めプロセスの設計）
⑤ＨＯＷ：どうやって伝えるか？（募集手段の選定）

を解説していきます。

第5章

いい採用を実現させる具体的なステップ

WHEN：いつ伝えるか？

——動機づけ＆見極めプロセスの設計

必要かどうかは、受け手が決める

前章まででペルソナに対して入社するベネフィットの言語化ができあがりました。ここまで来たのだから、「さぁ！　いよいよどうやって集めようか！」と検討したくなる気持ちがはやりますよね。わかります。

でも、その前にそれらを「いつ伝えるか？」を検討します。

メッセージは「伝えるタイミング」がとても肝心だからです。まだ関心がない段階で、いくら伝えたいことを伝えても、振り向いてもらえないことがあります。

必要性の有無によって、受け手は惹きつけられたり、惹きつけられなかったりする。

自分にとっての必要性と密接につながっている〈メッセージ〉に、受け手は魅力を感じる。

ただし、この必要性は、客観的な事実ではなく、あくまで受け手自身の主観に基づくもの。

クリエイティブ・ディレクターの水野学氏や杉山恒太郎氏、伊藤直樹氏、放送作家の小山薫堂氏、コピーライターの眞木準氏、谷山雅計氏など、日本を代表するクリエイターたちの思想やものの考え方を世に伝えてきた編集者・松永光弘氏の『伝え方』の一節です。

必要と**感じる**かどうかは、受け手の主観です。受け手を想像して、どのタイミングでどんな**気持ち**になってもらえばいいか、そのプロセス設計をすることが**必要**です。

タイミングを間違えてしまったとか、伝えるべき順番を間違えてしまったがために、こちらのメッセージを受け取ってもらえないことがあります。

ご縁がなくても、「受けてよかった」と思わせる

「採用ＣＸ」という言葉をご存じでしょうか？

「ＣＸ」と聞いて、「Customer Experience（顧客体験）」を思い浮かべたかもしれません。そうです、マーケティングの世界では、顧客が商品を知り、購買するまでの一連の顧客体験を Customer Experience（カスタマー・エクスペリエンス）と呼びます。

採用の世界では、候補者が会社を知り、入社を決めるまでの一連の候補者体験を Candidate Experience（キャンディデイト・エクスペリエンス）と呼びます。

候補者体験をより良くすることで、自社への動機づけを高めるのはもちろんのこと、ご縁がなく入社に至らなかった方も含め、全員が「受けてよかった」と感じてもらえることを目指そうとするのが、採用ＣＸの考え方です。

従業員の口コミサイトやＳＮＳで、採用選考を受けた印象が外部に簡単に伝わるという背景もあります。

ただこの採用CXの考え方そのものは新しいものではなく、いい人財が集まる会社では、昔から、「受けてよかった」と全員が感じてもらえることを目指し、取り組んできています。

「経営の神様」と呼ばれた松下幸之助は、昭和11年11月1日に次の言葉を記しています。

> 人の採用に際し最も心がけなくてはならぬことは、採用した人はいうまでもなく松下の社員となるのであるが、非採用者は将来松下電器のお客さんとなる人であるとの観念をもつことである。一度松下電器を志望した人は、少なくとも将来松下電器に対し相当の関心をもつはずであるから、これに対し十分によき印象を与えなくてはならぬことはもちろんである。
>
> ――『松下幸之助の教訓』より

採用活動では、求職者が自社を知り、関心を持って応募を検討する段階から選考を終了するまでにさまざまな接点となる場面があります。それぞれの場面において、求職者視点で考え抜き、どんな気持ちになってもらうべきかを設計するのが「WHEN：動機づけ&見極めプロセスの設計」です。

求人票、説明会、面接……それぞれの場面で伝わり方は変わる

この採用CXの観点を持って、アピールしたいメッセージの「どれ」を「いつ」「誰が」伝えるのかを決めます。アピールしたいメッセージというのが、「③WHAT」において入社するベネフィットとして言語化したことになります。それらをどのタイミングで誰が伝えるかを考えます。

求人票で伝えられること、説明会で伝えられること、面接の場で伝えられることはそれぞれ異なります。タイミングと実行者によって、メッセージの伝わり方やインパクトも変わってきます。

たとえば以下のようなことです。

◆候補者が自社を認知する際、どのような気持ちになっているのが理想だろうか？
そのためには、どんな候補者体験が必要だろうか？
（例：求人票の見出しはどんなことを記載するのがいいだろうか？）
◆候補者がエントリーしようと思うには、どのような気持ちになっているのが理想だろうか？　そのためには、どんな候補者体験が必要だろうか？
（例：求人票の中身にはどんなことを記載するのがいいだろうか？）

◆候補者が入社意欲を持つには、どんな候補者体験が必要だろうか？
（例：面接や面談で誰がどんな情報提供をすべきだろうか？）

◆候補者がスムーズに入社の意思決定をするには、どんな候補者体験が必要だろうか？
（例：誰がどんなフォローが必要だろうか？）

先に設定したペルソナを、認知から入社に至るまでの各段階で、
◎どのような心理状態にすることが理想か？（＝どう思わせたいのか？）

◎そのために必要な体験は？（＝ペルソナに対して、すべきことはどんなことか？）

を「キャンディデイトジャーニーマップ」にまとめていきます。

認識を一致させるのに、言葉だけでは限界がある

なお、ここで留意しておきたいことは、「言葉」だけでは正しく伝えられないということです。**言葉だけで正しく伝えるには、前提条件が揃っている必要があります。**お互いが過去に同じ経験をしていたり、同様の知識を持っていたりといった前提条件です。

あなたも誰かとコミュニケーションを取ったときに、「言葉」で伝えたにもかかわらず、認識の違いが生まれたことはありませんか？

伝えたいことを「言葉」に乗せて相手に届けたとき、「言葉」そのものは相手に伝わっても、その「言葉」から「イメージ」することは受け手によって異なるものです。

当社の東京事務所在籍のアシスタントYさんから聞いた話です。

▼キャンディデイトジャーニーマップ

【応募までのフェーズ】

行動	認知	関心	行動
ペルソナの理想状態			
必要な候補者体験			

【応募後のフェーズ】

行動	カジュアル面談	一次面接	最終面接
ペルソナの理想状態			
必要な候補者体験			

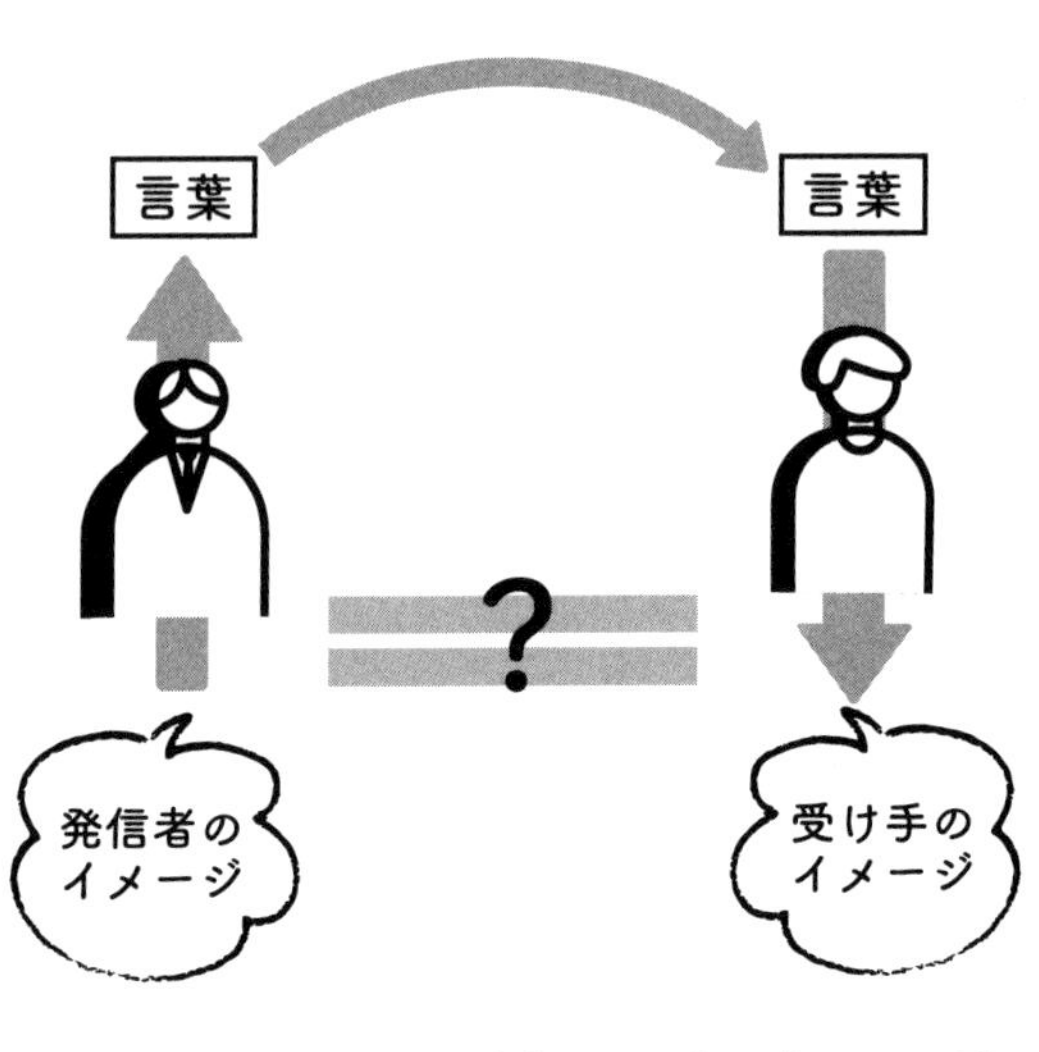

北海道から上京してきた友人に、Yさんは以前、「冬が来たら、寒くて嫌だね」と言ったそうです。

すると、友人は「わかる！　私も北海道出身だけど、寒いのは苦手なの！」と答えました。

Yさんはその言葉を聞き、「へー！　雪国出身でも寒いのは苦手なんだね！」と〝東京の冬の寒さ〟を連想しながら言って、その話は終えました。

しかし、季節が過ぎ、友人が東京で初めて冬を迎えると、友人から「ねぇ！　そういえば、前に冬は寒くて嫌だ！　と言っていたけど、東京の冬はそこまで寒くないじゃん！　これくらいなら全然嫌じゃないよ！」」と言われたそうです。

Yさんが発した「寒くて嫌だ」という言葉自体は確かに友人に伝わっていましたが、「寒くて嫌だ」という言葉を受け取ったときに友人が「イメージ」した冬の寒さは、〝北海道の冬の寒さ〟だったのです。

Yさんは〝東京の冬の寒さ〟をイメージして話していたので、このときに友人との間に認識の違いが発生していました。

言葉に体験を組み合わせて、初めて理解する――理解＝言葉×体験

人は、過去の自分の体験によって「言葉」の「イメージ」をします。つまり、**人によって「言葉」の定義が異なる**のです。

いくら「言葉」を尽くしても、発信者である自身のイメージどおりに伝わるとは決して思わないことです。その前提を持ち、採用CXは設計すべきです。

「理解＝言葉×体験」です。つまり、言葉に体験を組み合わせることで、自社を理解してもらう工夫が必要です。

私が過去にコンサルティングした会社で、「風通しのいい会社」と求人情報サイトに掲載していた会社がありました。この表現だけではイメージは揃えられません。そのため、「オフィスには社長室がありません。だから社長と社員との距離が近く、何かあればいつでも相談できる職場環境です」と説明を加えて掲載していました。

でも、これで本当に、求職者に伝わるでしょうか？

私は難しいと思いました。体験が伴わない限り、どこまでも想像の域を越えることは難しいからです。

「確かに風通しのよさそうな会社だな。ここでなら、自分も社長や先輩社員に意見を言いやすそうだな」

そう思ってもらうにはどうすればいいか。そこで、設計した採用ＣＸは、とてもシンプルなことでした。

それは、「面接時に社長と現場メンバーとがいつもどおりに話す」でした。

とてもシンプルな設計です。また、面接後に希望者には職場見学を実施し、従業員たちが働いている日常をそのまま見せました。こういったリアルな体験がなければ、本当に理解してもらうことはできないでしょう。

そのメッセージには一貫性があるか?

なお、メッセージには一貫性がなければいけません。求人票に書いていることと実際とがズレていると、信用してもらえなくなります。

アメリカの心理学者であるアルバート・メラビアンが提唱した法則「メラビアンの法則」は、あなたもおそらく聞いたことがあるでしょう。新入社員研修などでは第一印象の重要性を説くためによく用いられるものです。

Wikipedia から引用します。

メラビアンの法則とは、矛盾したメッセージが発せられたときの人の受け止め方について、人の行動が他人にどのように影響を及ぼすかを判断するアルバート・メラビアンが行った実験についての俗流解釈である。

この研究は好意・反感などの態度や感情のコミュニケーションについてを扱

う実験である。感情や態度について矛盾したメッセージが発せられたときの人の受けとめ方について、人の行動が他人にどのように影響を及ぼすかというと、話の内容などの言語情報が7％、口調や話の早さなどの聴覚情報が38％、見た目などの視覚情報が55％の割合であった。

つまり、視覚情報と聴覚情報と言語情報が矛盾していた場合、視覚情報の影響度が最も高く55％、その次が聴覚情報の38％、最後が言語情報でたったの7％だということを意味します。

友人や同僚が不機嫌そうな表情や口調で、「機嫌いいよ」と言った場合を想像してみてください。「機嫌いいよ」という言語情報より、不機嫌そうな視覚情報、聴覚情報に影響を強く受けるのではないでしょうか。

採用の場面では、このメラビアンの法則をどのように転用して考えるべきか。

それは、求人票に書いていること（言語情報）と、実際に見て、聞いて感じた印象とが違った場合、見た情報や聞いた情報の影響のほうが大きいということです。

▼「メラビアンの法則」を採用に転用すると……

情報の種類	概　要	影響度
視覚情報	見た目、しぐさ、表情、視線	55%
聴覚情報	声の質や大きさ、話す速さ、口調	38%
言語情報	言葉そのものの意味、会話の内容	7%

視覚情報とは、「見た目、しぐさ、表情、視線」です。

聴覚情報とは、「声の質や大きさ、話す速さ、口調」です。

つまり、採用CXを設計する際は、言葉そのもの以上に、視覚情報、聴覚情報の発信の仕方に気をつけるべきということです。

いくら求人情報を見て、関心を持って応募してもらえたとしても、その言語情報と視覚情報、聴覚情報に一貫性がなければ、関心は一気に下がってしまいます。すると、入社に至る可能性は落ちます。

もし、仮にその人が入社を決めたとしても、言葉にならない違和感が残っているかもしれません。これから入社する人をそんな気持ちにさせてはいけない、私はそう思います。

先に紹介した三和建設は、「つくるひとをつくる」という経営理念を掲げています。そして、その理念を実現すべく経営を行なっています。

それは、採用活動においても一貫しています。

常勤社員157名全員が採用活動に取り組み、1人の学生が内定までに社員と会う延べ時間は140時間に及んでいると言います。

「なぜ真剣に一人ひとりと向き合うか？」

同社の採用サイトには次のように記載があります。

就職活動はみなさんにとって、今後の人生を左右する大きな決断の場であり、採用活動は企業にとって、会社の方向性を決める大きな意思決定の場でもあります。私たちは全力で皆さんと向き合い、一緒に悩み、明るい未来を想像し、時に厳しいフィードバックもするでしょう。なぜなら、みなさんが就職活動という限られた期間の中で成長し、最後には納得のいく決断をしてほしいからです。

選考参加学生の満足度は98・9%。この満足度が示すことの1つは、「メッセージには一貫性が必要」ということです。入社後においても一貫性があることは言うまでもありません。

まずは認知！　御社を「知らない」から応募がない――いい人財を集める①

人は未知のものを怖がり、不安だから近寄らない

あなたには、「怖い」ものはありますか？
私にはあります。たとえば、死後の世界です。
「自分が死んでしまったら、どうなってしまうんだろう」
なんてことをたまに考えたりします。
この意識は消えてしまって、どこに行くのだろうか？
何もなく消えてなくなるだけなのだろうか？
考えても答えは見つかりません。

ただ残るのは、「怖い」という感情だけです。人が「怖い」とか「不安」とか感じるものは、未だかつて自身が経験したことがない事柄です。

私はバンジージャンプをやったことがありません。また、やりたいとも思いません。想像するだけで足がすくむ感覚を覚えます。これも、やったことがないから怖いのです。やり続けてみたら、案外慣れていくものかもしれません。

なぜそう思うかというと、私は以前怖いと思っていたことが今では怖くなくなっているという経験をしているからです。

たとえば、自動車の運転。私は自動車学校に通い、運転する前までは自分も運転ができるかどうか不安で、運転している自分が想像できませんでした。

他にもあります。営業という仕事。新卒の就職活動で営業職には1社も応募しませんでした。むしろ、営業だけはやりたくないと強く思っていました。

さらには、大勢の人の前でしゃべること。私は小さい頃から人前に出てしゃべることが大の苦手でした。就職してからも、人前でしゃべるような機会があると緊張して、失敗を重ねてきました。

自動車の運転。営業という仕事。大勢の人の前でしゃべること。

これらはいずれも経験したことがなかったり、少し経験をした結果、苦手だと思っていたりしたことです。

人は、「知らないこと」「未知のこと」を「怖い」と捉える性質があります。

私にとっての「自動車」も「営業」も「人前でしゃべること」も、どうやったらうまくいくかわからないから、「怖い」という感情を抱いていたわけです。

知らない＝怖い

得体の知れないものは怖いもの。死後の世界を怖いと感じるのは、多くの人にとって共通のことでしょう。「お化け」もまさに得体の知れないものだから、怖いのです。

ここでズバリお伝えします。

求職者にとって、あなたの会社は「お化け」です。なぜなら、得体の知れない存在だから。

知られていない中小企業は、「お化け」みたいなものですから、単純に怖いのです。

ましてや、今は「ブラック企業」という言葉がメディアだけでなく、日常でも頻繁に使われるようになりました。学生も中途求職者も、絶対に「ブラック企業」には就職したいと思っていません。中小企業というだけで、ブラック企業かそうじゃないかと吟味しています。

なぜなら、あなたの会社のことを知らないからです。

ただし、特にまだ社会人として働いた経験のない学生にとって、ブラックかそうじゃないかという識別は本来できません。

「理解＝言葉×体験」ですから、社会人としての就業経験がなく、ましてや複数企業で働いていない学生に、本当の意味で企業を見分ける力などありません。

あなたの会社がどんなにいい会社であったとしても、それが学生や親や学校や地域社会に知られていなければダメなのです。

「知られていない」

これが、採用がうまくいっていない企業の共通点です。

「知らない」を「知っている」に変えなければ始まらない

「有名企業＝応募多、中小企業＝応募少」を生み出す根本は、ここにあります。

ＡＩＤＭＡという消費者の購買時の心理プロセスを分解した概念があります。

ＡＩＤＭＡは、次の５つのプロセスで構成されています（第１章で詳述）。

◎Ａ：認知・注意（Attention）
◎Ｉ：興味・関心（Interest）
◎Ｄ：欲求（Desire）
◎Ｍ：記憶（Memory）
◎Ａ：行動（Action）

消費者は、最初のＡ（認知）が購買時のプロセスのファーストステップです。

採用においても、あなたの会社がうまくいかないのは、求職者にとって「お化け」

のような存在だからです。

「中小企業＝ブラック企業かもしれない」と色眼鏡で見られているからです。

ですから、「知らない」から「知っている」という状態にしなければ、始まりません。

しかし、現在は情報過多の状態です。求人情報は先述したようにあふれかえっています。関心を持ってもらえなければ、読み飛ばされてしまいます。

求職者に何と声をかけて、振り向かせるか？

このことを踏まえてやるべきことの1つは、**ペルソナを想定し、そのペルソナに対して、まず何よりも最初に伝えるメッセージを決める**ことです。

まだ会社の存在を知らないペルソナに対して、なんと声をかければいいかを決めるのです。

初めからいきなり、多くのベネフィットや独自性を詰め込みすぎてしまうと、消化しきれなくなってしまいます。だからこそ、まず何よりも最初に伝えるメッセージを決めるわけです。

たまたま、そこに道を歩いているペルソナがいます。全然こっちのことに気づいていません。まず何と声をかけて、振り向かせますか？　そんなイメージです。

求人掲載媒体やスカウトメールで言えば、このメッセージが「タイトル」「見出し」「件名」にあたります。

タイトルや件名は、最初に目に入る自社の情報です。ここで振り向かなければ、一生振り向いてもらえないくらい重要なものです。

繰り返しますが、求人数は膨大にあります。そのなかから自身に合う会社を探し出すのが就職活動（転職活動）です。

まさに、そんななかから出会うというのは「運命」のようなものです。ただ、運任せにしていてはいけません。成果をコントロールして、再現性を上げることが必要なのは言うまでもありません。

262ページで紹介したT社の事例をここで当てはめて紹介すると、次のようになります。

ペルソナは、営業経験のある第二新卒。営業実績は及第点。

【T社を認知する前の感情】

何よりお客様のためになる仕事をしたい。でも、高い目標を課せられ、お客様のためにならないものも売らないといけない状況が嫌。

今まで営業しかしていなかったので、営業職で探すほかない。今と同じような会社ならば転職しても仕方ない。でもそんな会社なんてあるんだろうか？

【T社を認知したときの感情】

これ！　まさに俺のための求人じゃないか！　詳細をクリックしてみよう！

このようにあらかじめ、採用CXを設定しました。

では、そうすれば、このような感情にすることができるだろうか。そう考えてつくった見出しが次のものでした。

「ノルマはきつくて営業したくない！　でもお客様と密にかかわる仕事！」

実際に、この気持ちを内面に抱えながら、転職活動をしていた人から数多くの応募がありました。

採用に成功する会社は、「写真」を大事にする

前章では、元電通のクリエイティブ・ディレクター山本高史氏の言葉を引用して説明しました。その山本さんにある人が「広告をつくるとき、ビジュアルとコピーをどう使い分けていますか?」と質問したそうです。これに対する山本さんの答えは、こうでした。

「ビジュアルでは、その商品を使った時に得られる世界観を、コピーでは約束をするのです」

言葉は約束です。自ら言葉を紡いで伝え、約束すべき。しかし一方で、言葉だけでは伝わらないものです。

採用CXの設計においては、言葉だけでなく、視覚情報や聴覚情報を意識して、一貫したメッセージを発信すべきだと述べました。

加えて、「知らない」を「知っている」に変える際には、言葉だけでなく、ビジュアルで自社に入社し働くことで得られる世界観を示すことが重要です。

採用がうまくいっている会社は、**求人情報に掲載する写真のチョイスを大事にしています。**

この写真でどう思わせたいのか？
それなら、この被写体が最適なのか？
被写体の背景は適切なのか？
背景に映っているものに意味はあるのか？

こうしたことまで突き詰めています。

大谷和利氏の『成功する会社はなぜ「写真」を大事にするのか』では、アップル、サムスン、BMW、コカ・コーラ、シェル、イケア、バーバリーなど、世界中の「勝つ会社」が「ビジュアルを戦略の中心に据える」ことで勝ってきたことについて紹介されています。

「優れたモノやサービスをつくって広告を打てば売れる時代」は完全に終わっています。「まずインパクトのある写真や動画で人を大きく引き寄せ、それから言葉で魅力を伝える」。

それが、世界中の「勝つ会社」が行く王道だと論じています。

トヨタやアシックス、サイバーエージェントといった日本の成功例を含め、多くの実例を挙げながらわかりやすく説明されています。ぜひご一読ください。

採用する「人数」と「期限」を定める

――どう採用するか①

なぜ「期限」設定が必要なのか？

ここまで述べてきたことを前提に、いかに認知してもらうか、関心を持ってもらうか、応募してもらうかと考え、その流れをキャンディデイトジャーニーマップに整理、検討していきます。

あわせてこの段階で決めておくべきは、何人から応募してもらい、いつまでに何人を採用するのかという**「目標」**です。

目標を設定しない限り、そこに焦点を合わせてスタートすることはできませんから、まずは採用したい**【人数】**を定めます。

そして、いつまでにその人数を確保させるのか【**期限**】を設定します。

意外とやっていないのが、後者の期限設定です。

なぜ、期限設定が必要かというと、**期限が曖昧になっていると、逆算して計画を立てることができない**からです。

集合場所は決まっているけれど、集合時間が決まっていないようなものです。集合する場所と時間が決まって初めて、その到着している状態から逆算して、具体的な行動ができるものです。

採用においても同様で、9月までなのか、12月までなのか、翌年の3月までなのか、その期限によって、どのような計画を立て実行すべきかは変わってきます。

目標は、**必ず**期限がセットです。期限を決めておかないと、ズルズルと採用活動が長期化してしまいます。

まずは採用する【人数】と【期限】を明確に設定してみてください。

理想的な期限設定

▼卒年度別でみる「内定率」の推移

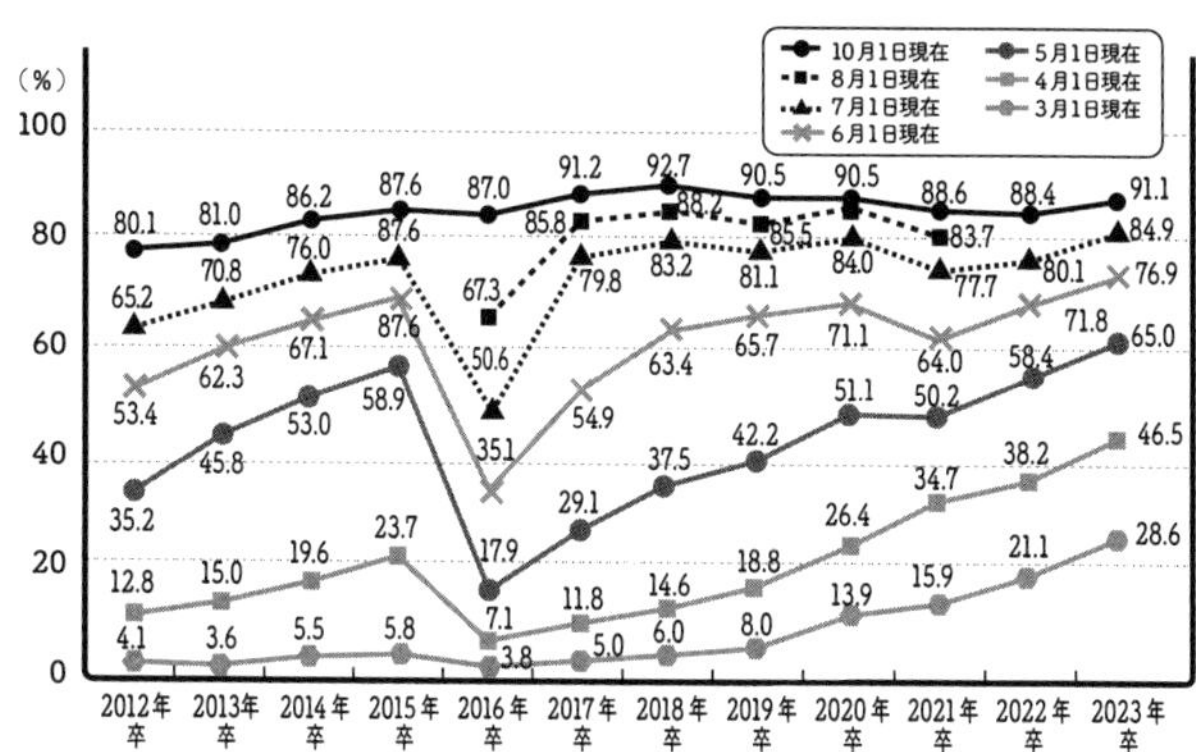

※2015年卒までは選考解禁が4月、2016年卒は8月、2017～2023年卒は6月。
※2015年卒以前と2022年以降は8月のデータなし。
◆出典：キャリタス就活2023「学生モニター調査結果」2022年10月発行（https://www.disc.co.jp/wp/wp-content/uploads/2022/10/202210gakuseichosa_kakuho.pdf）を基に作成。

新卒採用の場合は、基本は、学生が在学中に採用活動を行ないます。ということは、遅くとも3月31日までに採用決定および内定承諾を受ける必要があります。

では、3月31日までを期限にすればいいかといえば、それは違います。その期限設定ではリスクが高すぎます。

新卒採用の場合、トレンドは「早期化」です。2023年3月卒学生の場合、10月1日時点で、内定を受け、就職活動を終了した学生の割合は91・1%というデータがあります。

コロナ禍の活動となった2021年卒にはいったん鈍化したものの、この年を除いて早期化が新卒採用のトレンドであることは変わりません。

秋以降でも学生は残っています。留学や部活動などのスケジュールにより、就職活動が十分にできずに、秋から本格的にスタートする学生もいます。掘り出し物の学生と出会える可能性は十分にあります。

ただし、そこを当てにしすぎるのはいけません。

また、秋にその年の採用活動が続いているということは、翌年の採用活動に影響を及ぼすことにもなります。

ということで、**基本は6月末、もしくは7月末を1つの節目に期限設定する**ことをお勧めします。

中途採用で「期限なし」は危ないワケ

なお、中途採用の場合でも、期限設定は重要です。

なぜなら、それにより、活動の優先度が変わってくるからです。

たとえば、紹介会社に依頼する場合、

「いい人は欲しいけど、期限はないので、いい人がいたら紹介して！」

と依頼した瞬間、その担当者の頭からは貴社の情報は消え去ります。急ぎで採用したいとオーダーしている企業が膨大にあるからです。

ですから、

期限設定1つで、紹介会社の担当者の動きが変わるのです。

「○○月までには遅くとも採用したいから、なんとかお願いします」

と期限設定をするようにしましょう。

目標には期限が必須です。まずは仮でもいいので、期限設定をしてください。

採用戦略・シナリオをつくる

——どう採用するか②

採用活動の数値化はできているか？——採用パイプライン

目標を達成させるためには、**「全体を俯瞰したシナリオ」**が必要です。最低でも目標くらいは達成できる、そんなシナリオをつくっていきます。

採用目標を達成させるためには、採用活動のプロセスを分解し、全体を俯瞰したシナリオを設定し、進捗を管理することが必要です。

私は、この管理手法を**「採用パイプライン」**と名づけました。

「パイプライン管理」とは、そのプロセスをパイプライン（管路）にたとえ、入口から出口までを見える化し、分析する管理手法です。営業活動であれば、「初回訪問」から「受注」までの流れを管理するのが一般的です。

採用活動であれば**「初回接点」**から**「内定承諾」**までの流れを可視化し、分析や改善を行なっていきます。

たとえば、

「採用目標人数が10人だとしたら、20人には内定通知は出す必要があるな」

「内定通知が20人なら、最終選考には30人は必要だな」

「最終選考を30人やるには、一次選考には100人は必要だな」

「一次選考を100人やるには、会社説明会には120人来てもらわないといけないな」

「会社説明会に120人来てもらうには、………」

と逆算して、設定するのです。

この設定は、なんとなくの感覚でやってはいけません。必ず、客観的な事実に基づいて設定しなければなりません。

客観的な事実とは、前年の実績です。前年のデータが数値化されていればいいです

▼採用パイプライン

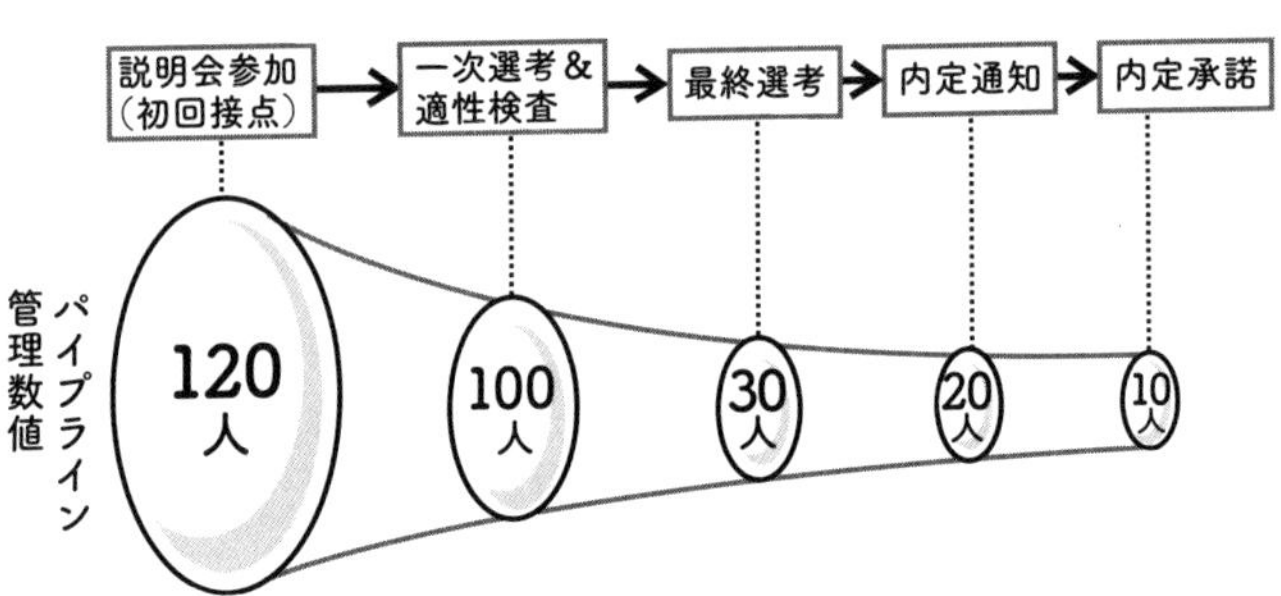

が、整理されていなければ、

◎内定承諾「　　」人
◎内定通知「　　」人
◎最終選考「　　」人
◎一次選考「　　」人
◎説明会参加「　　」人
◎応募「　　」人

と、名簿やリストから数値化してみましょう。

そして、前年の実績を踏まえて、逆算してシナリオを描いてください。

採用パイプラインを使ってシナリオを作成してみる
――採用活動をスムーズにするためのシナリオ作成術

実際にコンサルティングに入っている企業で行なったシナリオ作成を例に解説します。

その企業は、前年、新卒採用目標10人に対して、採用実績は5人でした。

つまり、未達成です。未達成ということはどこかに問題があります。

では、どこに問題があるかを特定しなければなりません。特定するうえで行なうべきは数値化することです。そこで、最終的に5人に至ったプロセスを数値化してみました。

◎内定承諾「5」人
◎内定通知「20」人
◎最終面接「25」人

◎適性検査「50」人

◎個人面接「80」人

◎集合面接「200」人

◎説明会参加「400」人

◎応募「500」人

数値化してみると、このようになりました。

次に行なうのは、それぞれのプロセスの歩留まり／コンバージョン率（CV率）を出します。

◎内定承諾「5」人

→25％

◎内定通知「20」人

→80％

◎最終面接「25」人

→50％

◎適性検査「50」人

→62・5％

◎個人面接「80」人

→40％

◎集合面接「200」人

→50％

◎説明会参加「400」人

→80％

◎応募「500」人

このように各プロセスを数値化していなかったため、数値化することによって社長も採用担当者も、初めて全体を俯瞰して現状を捉えることができました。

そうすると、どこのプロセスに問題があるのだろうかと、必然的に考え出します。

一緒に、10人を採用するための「あるべきプロセス」を考えていきました。

前年の現状を捉えたうえで、10人の採用目標人数を達成させるシナリオを設定していったのです。

最低でも目標達成させるためには、どのようなシナリオが最適なのか？

議論を重ねた結果、次のようなシナリオができ上がりました。

◎内定承諾「10」人（前年5人）
→40％（前年25％）……③

◎内定通知「25」人（前年20人）
→83・3％（前年80％）

◎最終面接「30」人（前年25人）
→50％（前年50％）

◎適性検査「60」人（前年50人）
→50％（前年62・5％）

◎個人面接「120」人（前年80人）
→33・3％（前年40％）

◎集合面接「360」人（前年200人）
→80％（前年50％）……②
◎説明会参加「450」人（前年400人）
→90％（前年80％）……①
◎応募「500」人

この企業の場合は、次の3つのポイントで、パイプラインを分析し、改善目標を立てました。

①応募から説明会参加へのCV率アップ（前年80％ ↓ 90％）
②説明会から集合面接へのCV率アップ（前年50％ ↓ 80％）
③内定承諾率のアップ（前年25％ ↓ 40％）

やるべきことをやっていないだけで、しっかりやれば、改善する余地が十分にあると捉えたからです。

たとえば、

①ならば、説明会開催数を増やし、応募から説明会参加までの時間を短くする。

②ならば、説明会参加者のうち、希望者は当日に集合面接を実施する（その際、事前の書類提出は不要とする）。

③最終面接前に、個別に対面でのカジュアル面談を実施する。

このように、数値を洗い出し、全体を俯瞰したシナリオ、つまり戦略を立てることが重要です。

採用目標達成から逆算したシナリオを明確にせずに採用活動を行なうのは、数百キロ先の目的地に向けて、案内標識のない一般道をカーナビも地図もなく、目指すようなものです。

「採用パイプライン」で目標達成に向けたシナリオを設定してみましょう。

「これまでこうやってきたから」という前提を見直す——そのエントリーシート、必要？

エントリーシートでハードルを上げることに意味はあるか？

「初回接点」から「内定承諾」までのプロセスも、これまでのままでいいかを考えることが必要です。「これまでこうやってきたから」となんとなく踏襲（とうしゅう）していたら、そのプロセス自体に欠陥があるかもしれません。

私が手掛けているコンサルティング先でも、「プロセスを変えることでうまくいくようになった」と経営者、採用担当者が語るケースが多くあります。

その1つの例が、新卒採用で多くの企業が取り入れているエントリーシートです。

何の疑いもなくエントリーシートを採用活動に組み込み、学生に提出を求めているとしたら、一度立ち止まって考えてみましょう。

就職みらい研究所（『就職白書２０１８』『就職白書２０１９』）の調査によると、エントリーシートを導入している企業は69・0％（19新卒）。65・0％（18新卒）から増加傾向です。

あなたの会社がエントリーシートを採用活動に組み込んでいるとしたら、どういう目的でしょうか？

一般的に、企業がエントリーシートを導入する理由は、学生を見極める（スクリーニング）するためです。学生にとってエントリーシートの作成は、時間と労力を要します。そのため、企業側は、記述されている内容に加え、「エントリーシート提出＝志望度が高い」という判断で学生をスクリーニングします。

しかし、元々のエントリーシートの目的は、現在とは違いました。

エントリーシートは、１９９０年前半にソニー株式会社が採用したのが初めてと言われています。履歴書に記載されている学歴ではなく、その人の価値観や考え方に焦点を当てて採用をすることが目的でした。「学歴不問」で大手企業が新卒採用を実施するのは、当時としては画期的なことでした。

しかし、90年代後半から就職氷河期が始まり、就職市場は買い手優位へと移っていきます。さらにインターネットが普及したことで、学生にとっては手軽に応募できるようになり、人気企業にとっては急増する応募者への対応を効率的に行なう必要に迫られました。

しかし、求人の門戸は、オープンにしなければなりません。そのような流れを受けて、エントリーシートはスクリーニングすることが目的となっていきました。

エントリーシートによって奪われるもの

エントリーシートの提出は、就職活動の初期に設定されている場合がほとんどです。

採用活動は、「動機づける」＋「集める」→「見極める」＋「さらに動機づける」の順番で行なうものです。

一方、エントリーシートの目的は、**スクリーニング＝「見極め」**です。採用強者の企業であるならば、直接的な動機づけを行なわなくとも、応募はあるものです。

とはいえ、直接的な動機づけがない場合、よほどの学生でなければ、明確な志望動機は形成されていません。学生がエントリーシートを提出するかどうかは、志望度の高さに左右されます。そのため、まだ動機づけができていない優秀な学生を取り逃がしている可能性があります。

◎階層①「自社の採用ターゲット」で「自社への志望度が高い」学生層
◎階層②「自社の採用ターゲット」であるものの「自社への志望度が低い」学生層
◎階層③「自社の採用ターゲット外」で「自社への志望度が高い」学生層
◎階層④「自社の採用ターゲット外」で「自社への志望度が低い」学生層

自社ターゲットは階層①、階層②の学生です。階層①の学生はエントリーシートを課してもエントリーしてくるでしょう。問題は階層②の学生です。自社のことを認知はしているものの、他社と比較して興味関心が高くない階層②の学生の場合、エントリーシートを課すことで、エントリーを敬遠する可能性が高まります。

▼求職者を見極めるための自社ターゲットと自社志望度のマトリクス

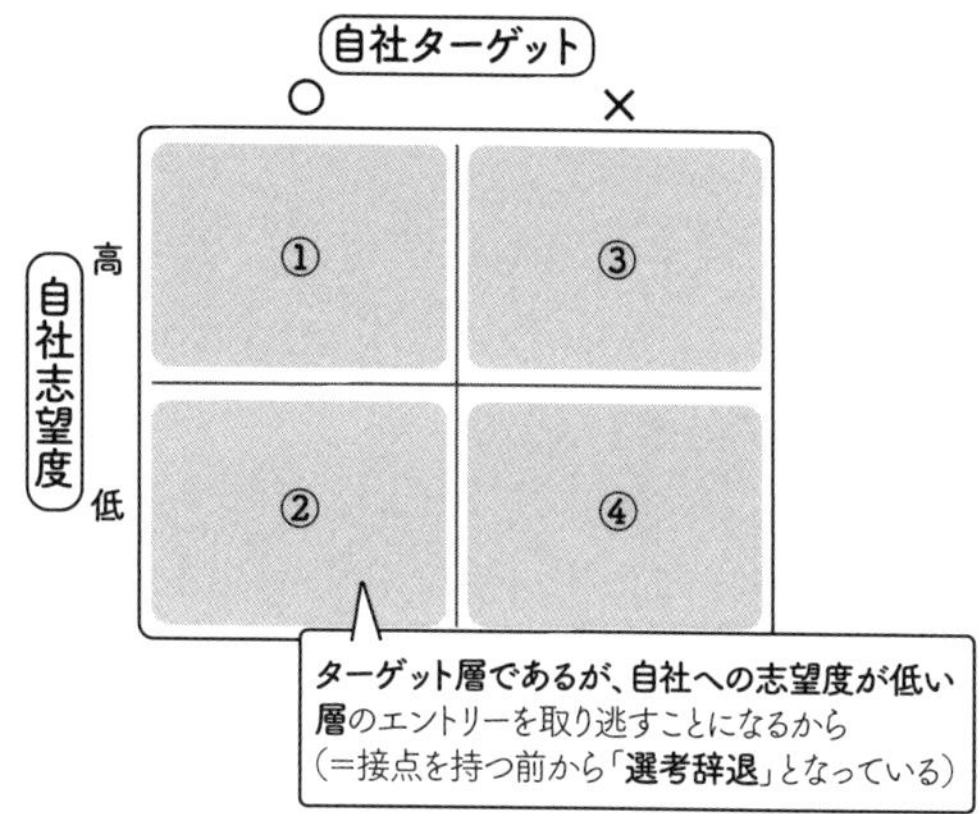

▼エントリーシート提出社数が年々減少

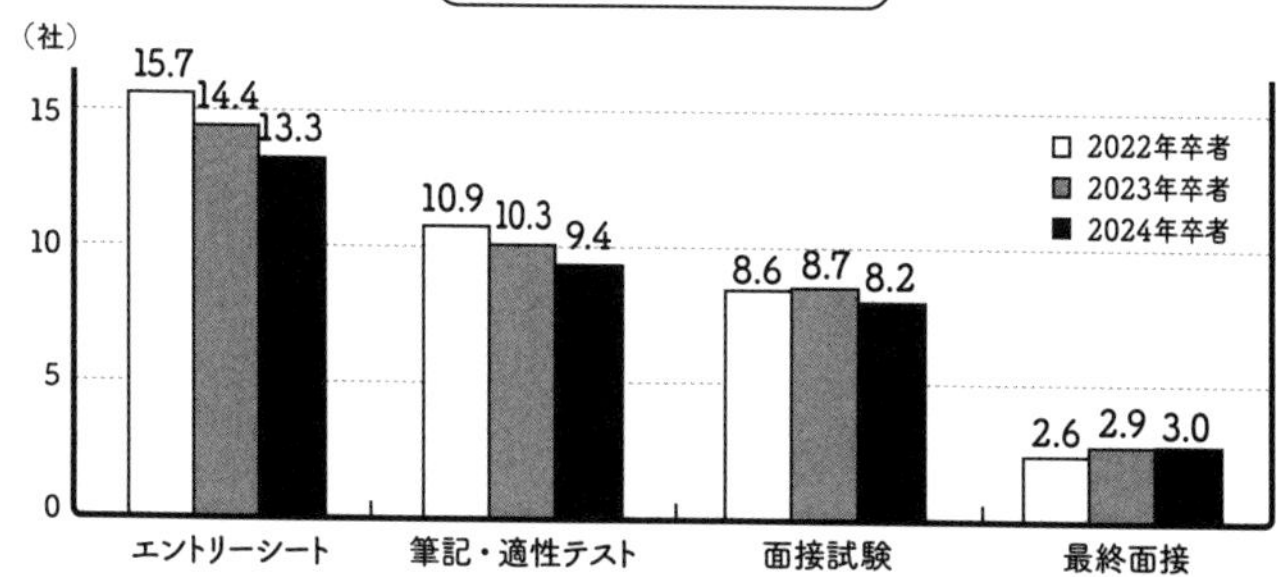

※各年6月時点の社数。
※オンライン形式も含む。
※「最終面接」は、「面接試験」受験者を分母に算出。それ以外は、それぞれ受験者を分母に算出。
◆出典：キャリタス就活2024「学生モニター調査結果」（2023年6月発行）を基に作成。

つまり、**エントリーシート提出の義務づけは、自社ターゲットの学生からのエントリーの可能性を下げる取り組み**なのです。

最近は売り手市場で、学生がエントリーシートを作成する数は減少傾向にあります。就活初期の時点で、まだ学生の動機づけができていないなか、数多くの企業の中からその会社の中に入れるかどうかが1つの勝負になります。

これらを鑑(かんが)みると、エントリーシートの提出を求めたときに集まるのは、その企業のファンだけ、ということになります。そうなると、初期の段階で限定されることになります。

エントリーシートを廃止しても、こうすれば大丈夫

応募数が多すぎて選考が大変という状態でない限り、エントリーシートは廃止しても問題ありません。

もし、**学生をスクリーニングしたいなら、募集要項に求める人物像を明示すること**です。採用人物像の言語化をしたうえで、客観的な採用基準を明示するのです。

たとえば「〇〇を研究していた」「〇〇の経験がある」といったように、事実ベースの指標があると学生を迷わせることはなくなります。

新卒に限らず、求職者と企業の両者にとって、よりよい出会いのチャンスを増やすために、一番やってはいけないのは時間をムダにしてしまうことです。

採用人物像を明示すれば、求職者が自分自身で企業に求められているかどうか、セルフスクリーニングすることが可能です。求職者の時間を奪わずに済みます。

アンマッチであることを、入口の段階で理解してもらったほうが、その分、求職者は他企業への活動に力を入れられます。早めに他企業への活動に注力できれば、より自分に合った企業に内定するチャンスが広がるでしょう。

求職者の可能性を閉ざさないためにも、採用人物像の明示は重要です。自社との接点以外の部分の候補者体験に考えを巡らせることが、企業側の責任としての採用CXであると私は考えています。

私のコンサルティング先は、このエントリーシートの廃止だけでなく、入社までのステップすべてについて「これまでそうしていたから」という思考はリセットして、ゼロベースで再スタートしています。

「誰が採用するか」で採用の結果は変わる

人生を変えた1冊の本と1本の電話

ここで、少しだけ私自身の話をさせてください。

すでにお伝えしたとおり、私はもともとダメダメ営業マンでした。

そんなダメダメ営業マンが変わるきっかけは、突然訪れました。

精神的に追い込まれ、出勤途中に体調不良に襲われていたどん底の時期です。その日、私は本屋にいました。

その日も営業会議で〝ド詰め〟に遭い、そのまま自宅に帰る気になれず、寄り道をしたのです。時間を潰せればどこでも良かったのですが、たまたま目についた本屋に何気なく立ち寄ったのです。

本屋に入り、無数の本たちに囲まれた私は、特にあてもなく立ち読みでもしようかと、雑誌コーナーに歩みを進めました。

すると、その途中で、私の視界に飛び込んできたものがありました。それは、ビジネス書の新刊コーナーに置かれていた1冊の営業本でした。導かれるように手に取り、そのままレジに向かっている自分がいました。

貪（むさぼ）るように読みました。

すぐに著者の出版記念セミナーに申し込みました。

セミナーの後、著者にサインをもらうついでに名刺交換をしました。

勇気を出して、Facebookで友達申請をしました。

案外あっさりと友達承認をもらい、時々メッセージをいただくようになりました。

その著者の本は、過去のものから順番に読み進め、すべてを読破しました。

それから私は変わりました。

まず行動が変わりました。そして結果が出始めました。すると思考が変わりました。

考え方が前向きになり、どんなことでも積極的に進んで取り組むようになりました。周囲の目も明らかに変わっていきました。

認められる環境は、行動をさらに加速させました。

驚くほどに人脈が広がり、仕事のオファーがひっきりなしにやってくるようになりました。

もはや神がかっていました。気づくと、私はトップセールスになっていたのです。

あの本を手に取って、1年ちょっとの出来事です。

ある日、その著者と何人かで会う機会がありました。その日の夕方、著者から私の携帯電話に着信がありました。仕事のアポイントが入っていたので、時間をおいてあらためて折り返すと、著者は言いました。

「酒井さん、私と一緒に働きませんか?」

「何をするか」より「誰がするか」

私は今の会社に何をするかわからないまま入社しました。

「そんなのは嘘だ！」と思われるかもしれませんが、事実だから仕方ありません。何をするかわからないけれど、「この会社に入らなければダメだ」と直感が働いたのです。

なぜそんな決断をしたのか？

答えはシンプルです。

一緒に働いてみたいと思っていた人からのお誘いだったからです。その人物こそ、弊社社長、横山信弘です。誘いを受け、その場で「はい、お願いします」と返事をしました。あのときの光景は今でも鮮明に覚えています。

いい人財を集めるためにやるべきこと、いい人財かどうか見極めるためにやるべきこと、そしていい人財に自社を選んでもらうためにやるべきこと。つまり、具体的に「何をするか」ということは設計すべきです。

しかし、それより実は大事なことがあります。

それは、採用活動を「誰がするか」ということです。「何をするか」より「誰がするか」ということが採用活動の結果を変えます。

私の場合は、社長の影響で入社を決めましたが、何も社長でなくてはいけないというわけではありません。採用担当者や現場の方々が求職者に与える影響は大きいものです。

私自身、これまでに3つの会社を経験していますが、どの会社でも一次面接から最終面接まで、誰からどんな話をされたかを今でもよく覚えています。20年ほど前に新卒の採用面接時に誰から何を言われたかも鮮明に覚えています。あなたもそうではないでしょうか。

求職者は、採用にかかわる人の言動に大きな影響を受けます。それは、入社した後も残っています。誰が採用活動にかかわるかは、とても重要なポイントだと思います。

大企業だから採用に勝てる、中小企業やベンチャーだから採用に負けるということには必ずしもなりません。採用活動に携わる人の力によって、いくらでも結果を変えられます。

買い手が企業？　売り手が求職者？

余談になりますが、そもそもどうして「買い手が企業」で、「売り手が求職者」なのでしょうか？

現在では、求職者が自身の労働力を売り、企業がその労働力を買うという視点で、「買い手が企業」で、「売り手が求職者」と定義されています。

一方、一般的な企業活動においては、企業側は売り手です。

お客様に商品やサービスを供給することで価値提供するわけで、お客様はその買い手となります。

それがこと、採用活動においては、逆転した表現になります。

それ故に、採用がうまくいかない会社ほど、いつまでも買い手としてのスタンスが根本的にあり、姿勢が変わらないと、私は感じています。

「自社は選ばれる側なんだ」という意識を啓蒙すべく、いっそのこと、**「買い手が求職者」「売り手が企業」という思考の転換**が必要です。

つまり、採用活動においても、求職者に自社で働く体験を供給することで、価値提供するという思考です。

従業員体験（Employee Experience＝ＥＸ）という概念があります。候補者体験

（Candidate Experience＝ＣＸ）をして、従業員となったメンバーの満足度やエンゲージメントを高めることを目的とする概念です。

なぜＥＸという概念が登場しているのか、その背景には人財の流動性の高まりがあります。１つの会社で働き続けるのではなく、転職などを通して柔軟に仕事を移っていくのは雇用の活性化という観点でいいことです。

一方、企業単位で言えば、いかに優秀な人財を自社に定着させるか、つなぎとめるかは、企業側にとっては大きなテーマとなります。優秀な人財に見限られるようなことが繰り返されると、最終的に企業の競争優位性にかかわってくるからです。

つまり、従業員に選ばれ続ける会社かどうかは、「この会社で働き続けたい」「この会社で実現したいことがある」と思ってもらえるようなＥＸをつくることが重要となっていきます。

これは、入社後に限った話ではありません。入社前から「この会社で働きたい」と選ばれることがスタートだからです。

選ばれる立場というアイデンティティをはっきりさせるためにも、売り手が企業であり、買い手が求職者であるという思考の転換は必要でしょう。

採用担当者に求められるスキル

採用担当者に求められる要素は多様です。

◎ライティング力。
◎プレゼンテーション能力。
◎ヒアリング力。
◎商談力。
◎クロージング力。

しかしながら、1人でバランスよくすべてを完璧にできるかというと、なかなか難しいものがあります。だからこそ、組織全体で得手不得手を補いつつ、採用プロジェクトの運営体制（採用チーム）を構築すべきです。

第2章にて、「いい採用ができない会社の5つの理由」の1つとして、「片手間でやっているから」と述べました。採用専任担当者がいる中小企業は全体のわずか5％程度です。でも、片手と片手を合わせれば両手になります。

・社内メンバーから選抜して、採用チームを結成する。
・「WHY→WHO→WHAT→WHEN→HOW」のいい人財を採用する戦略策定の5ステップを基に採用活動の準備を行なう。
・採用パイプラインを使いながら、PDCAサイクルを回す。

採用専任担当者がいない中小企業に、採用コンサルティングを行なう際は、このようにしています。

一番即効性のある方法は、トップセールスを採用担当にすること。

なぜなら、会社の魅力を伝えるのが一番うまいだけでなく、その人自身が魅力的だからです。

採用担当者のイメージが、その企業のイメージに直結します。いわば、**採用担当者**

は、会社の象徴なのです。採用担当者が親切な人だと、志望度やイメージも高くなる傾向があります。

営業は、自社の商品、サービスが好きな営業ほど売れるものです。自社の事業が好きでない、事業の将来性に不安を持っている。もしそんな人物が採用担当者だったら、何をやってもうまくいきません。

あなたは、「自社の採用をなんとかしたい！」という想いで、このページまで読み進めているわけです。だから大丈夫です。その想いが前提になければ、何を始めようとうまくいきませんから。

採用担当者に求められるのは、「自社のことが好きだ」「もっといい会社にしたい」という想いです。まずはその想いがあれば十分です。

HOW：どうやって伝えるか？

――募集手段の選定

どうやって求職者に伝える？

自社で働く価値を求職者に知ってもらうには、どのような方法で募集すれば、いいのでしょうか？

ここまで、①WHY：何のために採用するか？（採用目的の言語化）、②WHO：どんな人を採用するか？（採用人物像の言語化）、③WHAT：求職者に提供できる価値は？（入社するベネフィットの言語化）、④WHEN：いつ伝えるか？（動機づけ&見極めプロセスの設計）と整理してきました。

いよいよ⑤HOW：どうやって伝えるか？（募集手段の選定）を考えていきます。

採用の歴史からひも解く、採用活動の変遷

現在、採用において自社をプロモーションする方法は、非常に多くあります。ありすぎるほどあります。

求人の歴史をたどれば、新卒の場合、1952年に、大学が企業からの採用申し込みを受け付けるようになりました。

その10年後の1962年に大学新卒者向けの求人情報誌が創刊されました。大学新聞広告社（現在のリクルート）が創刊した「企業への招待」です。

1980年代に入ると、特化型求人専門情報誌が登場し始めます。

1997年頃、大手の一部からインターンシップ制度への取り組みが開始されます。

1998年からは、IT技術の革新に伴い求人広告市場は紙からインターネットにシフトしていきます。Web求人広告が主流となり、応募（エントリー）もWebで行なうようになり、2000年代はその流れが加速していきます。

2000年代後半からは、スカウトサービスが台頭してきます。今までは求人媒体掲載、人材紹介会社に依頼して、あとは応募を待つというスタイルでしたが、企業から求職者に直接オファーを出すようになったのはこの頃からです。

今では、SNSを使った「ソーシャルリクルーティング」、社員紹介採用（リファラル採用）、マッチングプラットフォームサービスの活用などの「ダイレクトリクルーティング」で、攻めの採用を行なうようになっています。

「採用マーケティング」という考え方で、あらゆるチャネルやデータ、テクノロジーを用いて、より効果的な採用活動を行なう手法も登場してきています。

募集にあたってのさしあたってのゴールは、自社が求める人財に「応募」という行動をしてもらうことです。

採用パイプラインで目標設定した応募数をどのような手段を用いて集めるべきかを考えていきます。

たとえば、中途採用で50名応募が目標ならば、人材紹介会社A社経由で20人、B社経由で15人、ダイレクトリクルーティングC社で15人といった分解をしていきます。

自社に合った募集方法を選ぶ際の注意点

なお、応募をしてもらうためには、その手前に2つのステップが必要です。それは①認知、②関心です。

まずは、自社のことを認知してもらうには、多種多様な募集方法のなかで、自社が求める人財が利用すると思われる方法を選ぶ必要があります。

なお、自社がかけることが可能なコストには限界があります。採用活動をするうえで、**3つのコスト（経済的コスト、時間的コスト、精神的コスト）を考慮して選択すること**が必要です（3つのコストについては373ページで詳述）。

たとえば、ナビサイトなどメディアを使ったプロモーションは、経済的コストがかかります。また、対象外の人財からの応募も多い場合もあり、書類選考、合否連絡に多くの時間的コストが発生します。

リファラル採用は、経済的コストを抑えながらやれる反面、すぐに結果が出にくいため、時間的コストが発生します。

▼得るべきリターンは「認知」「関心」「行動」の３種類ある

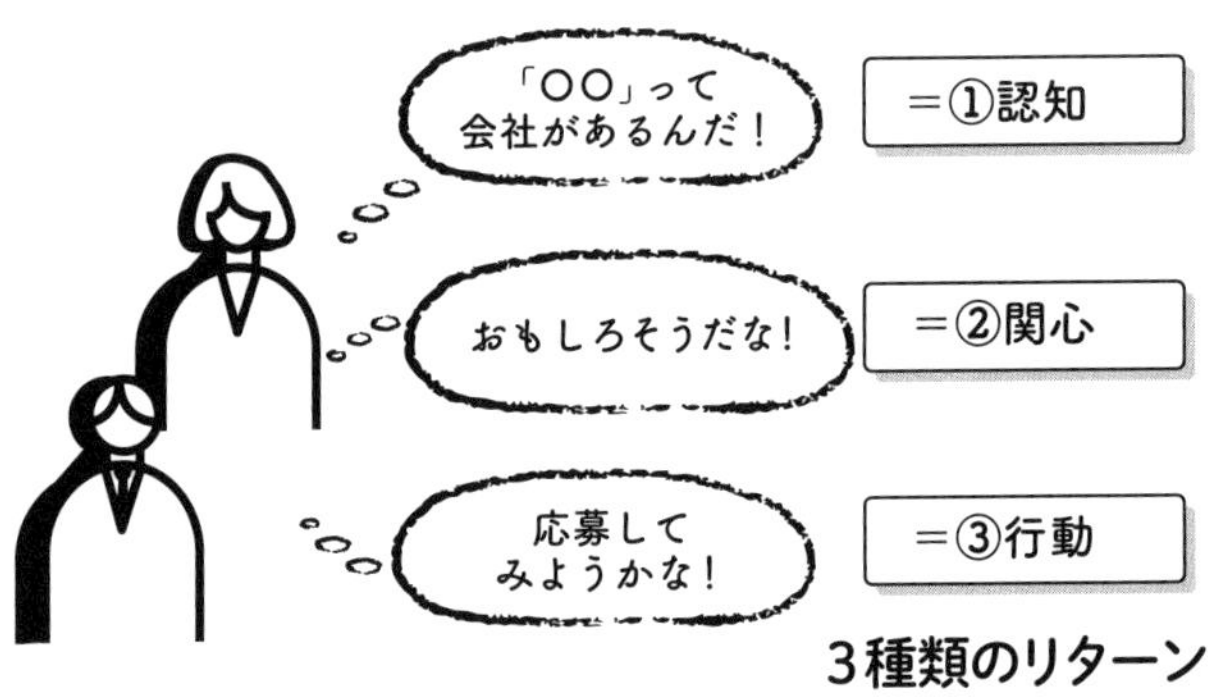

３種類のリターン

▼採用活動をするうえで、コストゼロはありえない ――３つのコスト

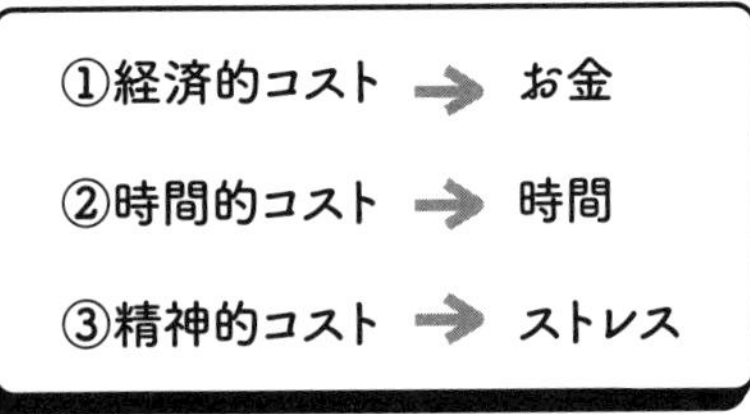

（例）ナビサイトなどメディアを使ったプロモーションは、①がかかる。また、対象外の人財からの応募も多い場合もあり、書類選考、合否連絡に多くの②が発生する。

（例）リファラル採用は、①を抑えながらやれる半面、すぐに結果が出にくいため、②がかかる。

（例）ダイレクト・リクルーティングは、①を抑えながらやれる半面、継続力のない人には③がかかる。

▼募集方法は大きく分けて2種類

①パーソナルアプローチ→「1」対「1」

メリット
- こちらが問いかけたことに対して「YES」なのか「NO」なのか、相手の反応を読み取ることができる。

デメリット
- 「1」対「1」のアプローチを数多く行なわなければならないため、時間的コストがかかる。
- 相手から直接「NO」を突きつけられる可能性があるため、精神的コストが高くなる。

②マスアプローチ→「1」対「不特定多数」

メリット
- マスメディアを利用すれば、「1回」で多数へのアプローチが可能。
- 相手と向き合う必要がないため、精神的コストがかからない。

デメリット
- アプローチした全員からレスポンスが返ってくることはない。
- 経済的コストが高くなる。

また、ダイレクトリクルーティングは、経済的コストを抑えながらやれる反面、継続力のない人には精神的コストがかかります。

加えて、多種多様な募集方法を分解すると、大きく2種類に区分ができます。

それは、**①パーソナルアプローチ、②マスアプローチ**です。

①パーソナルアプローチ――「1」対「1」

ダイレクトリクルーティングがこれにあたります。会社側が問いかけたことに対して「YES」なのか「NO」なのか、「閲覧しているのか」「閲覧していないのか」と相手の反応を読み取ることができます。

一方で、「1」対「1」のアプローチを数多く行なわなければならないため、時間的コストがかかります。また、相手から直接「NO」を突きつけられる可能性があるため、精神的コストが高くなるものではあります。

②マスアプローチ――「1」対「不特定多数」

求人広告媒体をはじめとしたマスメディアを利用すれば、「1回」で多数へのアプローチが可能です。相手と向き合う必要がないため、精神的コストはかかりません。

一方で、アプローチした全員からレスポンスが返ってくることはありません。労力が抑えられる分、比較的、経済的コストが高くなるものではあります。

このように限られたリソースのなかで、自社がかけることが可能なコストとアプローチのバランスを見て、募集方法を選定することが必要です。

「リアル」「早期化」重視の時代

採用活動はかつての**「待ちの姿勢」から「攻めの姿勢」**へと変化しています。もはや「待ちの姿勢」で、いい人財を獲得するなんてことはできません。

ＨＲ総研が行なった「２０２３年＆２０２４年新卒採用動向調査」では、２０２４年新卒採用において、より重要になると思う施策に対する採用担当者の回答がまとめられています（出典：ProFuture株式会社／ＨＲ総研「２０２４年採用でより重要になると思う施策〈複数回答〉」https://www.hrpro.co.jp/research_detail.php?r_no=353）。

いずれの企業規模でも、「自社セミナー・説明会」「対面型インターンシップ」「自社採用ホームページ」が上位3項目に挙がっています。

待ちの姿勢でなく、もはや攻めるのが前提で、自社をよりよく知ってもらおうとする狙いがうかがえます。やはり**トレンドは、「リアル」と「早期化」**であることがわかります。

このような他社の傾向も踏まえ、対策は考えていくべきです。

▼採用担当者が考える 2024年卒採用でより重要になると思う施策（複数回答）

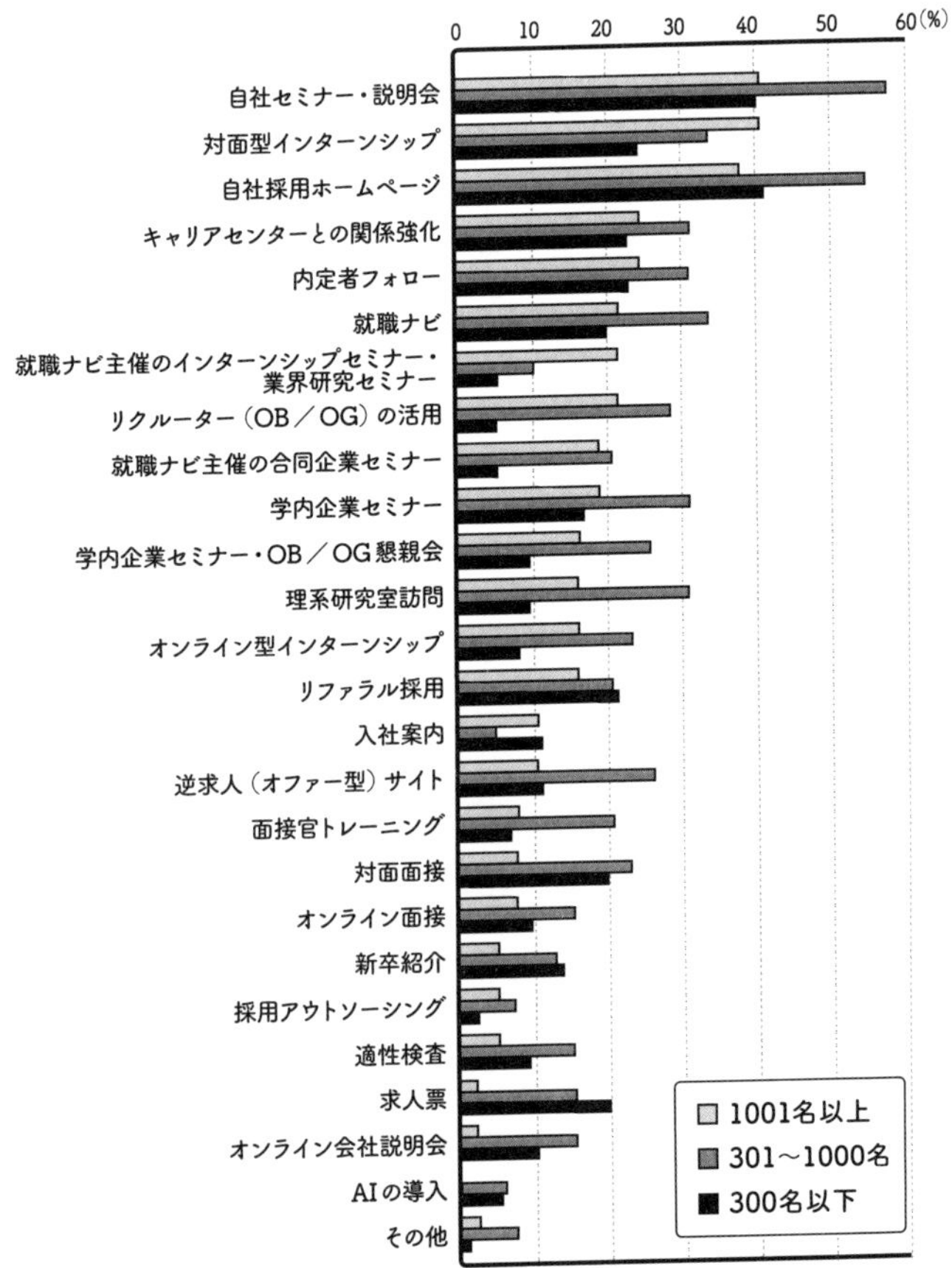

◆出典：ProFuture株式会社／HR総研「2024年採用でより重要になると思う施策〈複数回答〉」（https://www.hrpro.co.jp/series_detail.php?t_no=3115&page=3）を基に作成。

採用ターゲットに自社のことを知ってもらうのは、採用活動における出発点です。能力的にも志向的にも、自社とマッチした人財を探し、出会う方法は常に検討し続けるべきことです。

中途採用における8つの募集手段

中途採用の場合、以下が主な募集手段です。

①求人広告媒体（Ｗｅｂ媒体・紙媒体）

求人広告とは、求人情報を掲載し、求職者を集める媒体のことです。

フリーペーパーや折り込みチラシといった紙媒体からＷｅｂ媒体まで、さまざまに存在します。

マスアプローチの方法に該当しますので、1回の掲載で多数の求職者へリーチすることが可能です。

一方で、求人掲載件数が増加している現在、情報が埋もれてしまうデメリットもあります。料金は無料から有料までさまざまあります。有料の場合でも、掲載期間やプランにより課金されるものの他、成功報酬型などいろいろな料金形態の求人広告が存在します。

求人数が多いのは、リクナビNEXT、マイナビ転職、エン転職、dodaです。

②人材紹介

人材紹介とは、企業からの依頼を受けて、条件に適した人財を紹介するサービスで、成功報酬型です。企業側が採用にかける時間的コスト、精神的コストを抑えることができるのがメリットです。

一方で、成功報酬額は採用者の年収の30~35%が相場であり、他の募集方法と比較すると、費用は高い方法と言えます。また紹介依頼をしたら、必ず紹介してもらえるわけではありません。人材紹介会社との間で定期的にコミュニケーションを取り、採用したい人物像を正しく伝える取り組みは欠かせません。

求人数が多いのは、リクルートエージェント、doda、パソナキャリア、マイナビエージェント、エンエージェントです。

③ダイレクトリクルーティング

ダイレクトリクルーティングとは、企業自らが直接候補者をスカウトする方法です。①求人広告媒体や②人材紹介のように、「募集して後は応募があるのを待つ」という手法とは異なります。「待ちの採用」でなく、「攻めの採用」と言える方法です。

メリットは、自社の採用要件を満たす人財にピンポイントでアプローチ（パーソナルアプローチ）ができるという点です。サービス利用には初期費用と成功報酬がかかりますが、人材紹介と比較して安価であることもメリットです。

一方で、スカウト対象者の選定やスカウト文面の作成など、工数がかかるのがデメリットと言えます。採用専任の担当者がいない中小企業の場合、スカウトする時間を確保することがネックとなります。

登録会員数が多いのは、Wantedly、エン転職ダイレクト、LinkedIn、doda Recruiters、ビズリーチです。

④ハローワーク

ハローワークとは、厚生労働省が全国５００カ所以上設置している公共職業安定所のことです。

長期間、複数求人票を掲載しても料金がかからないのがメリットです。一方で、求人票は定型フォーマットしかないため、自社ＰＲをしにくい面があります。

⑤リファラル採用

リファラル採用とは、社員の知人、友人を紹介してもらう方法です。実際に働いていて企業のことをよく知っている社員が紹介するため、比較的ミスマッチが少ない採用方法と言えます。紹介した社員に一定の報酬を支給する制度を導入している企業が増えています。報酬額の相場は10～30万円程度です。デメリットは、大量採用や急ぎの採用には向かない点です。また社員への動機づけが必要であり、社員を自社採用活動に巻き込む施策が必要です。

⑥ソーシャルリクルーティング

ソーシャルリクルーティングとは、Twitter（現・X）、Facebook、Instagramなどの SNSを用いた求人方法です。コストがかからないうえに、投稿が拡散した場合には、多くの応募が期待できます。

一方で、こまめな情報発信が必要であり、採用専任の担当者がいない中小企業の場合は、時間を確保することがネックとなります。

⑦オウンドメディア

オウンドメディアとは、自社ホームページや自社採用ページにおいて求人募集する方法です。無料で、比較的自由度の高い表現で募集できることがメリットです。

一方で、認知度の高い企業でない限り、自社サイトへの誘導が必要であり、単独で成果を上げるには即効性がないのがデメリットです。

⑧アルムナイ

アルムナイとは、退職者を再雇用することです。アルムナイ（alumni）は、英語で「卒業生」「同窓生」を意味します。メリットは自社のことを理解した社員であるため、ミスマッチなく即戦力人財を採用できることです。しかし、再雇用者に対する評価、賃金制度の再考が必要です。これは在籍社員からの不満が出る可能性があるためで、在籍社員の退職ハードルを下げない工夫も必要です。

紙面の制約がありますので、各種募集手段について調べる際には、「採用　カオスマップ」とネット検索してみることをお勧めします。

各手段におけるサービスをパッと一覧でチェックが可能です。こういったものを取っ掛かりに調査を重ねてみてください。

以下の新たな募集手段として取り組み始めている会社が増えていることについては、それぞれ専門家が書籍を出版しています。一読のうえ、検討しても遅くないでしょう。

◎ダイレクトリクルーティング関連書

『この一冊でスカウト採用の全てがわかる！　ダイレクトリクルーティングの教科書』（中島大志、扶桑社、２０２３）

◎リファラル採用関連書
『人材獲得競争時代の戦わない採用「リファラル採用」のすべて』（鈴木貴史、日本能率協会マネジメントセンター、2023）

◎ソーシャルリクルーティング関連書
『時間とお金をかけずに欲しい人材を集める「SNS採用」』（小林大輔、同文舘出版、2023）

いずれの方法においても、採用人物像と出会える可能性があることを前提に、限られたリソースのなかで自社がかけることが可能なコスト、アプローチのバランスを見て、手段を選定するということです。

価値観のマッチングは、採用する人財はもちろんですが、メディアを運営する会社を選ぶ際も留意すべきです。それは事業を行なっている「WHY」に共感できるかで選ぶべきということです。

ここでは具体的なメディア名を挙げませんが、私のコンサルティング先では、メディアを運営するポリシーに共感して選択し、成功した事例があります。社内だけでなく、社外のメンバーとも ONE TEAM になれるかどうかが、鍵を握る部分もあります。

強くて愛される会社がやっていること

ここで、実際の企業で実施されている事例をご紹介します。

◎有限会社原田左官工業所（東京都）

２０１７年の第８回「日本でいちばん大切にしたい会社」大賞で審査委員会特別賞を受賞した会社です。

同社は、職人の減少・高齢化が進む左官業界において、若者・女性を積極的に採用し、職人の育成に取り組んでいます。

昨今の左官業界では、職人の急減と高年齢化が大きな課題となっています。左官業は、人の手作業により支えられる現場ですから、「人」が財産であり、いい職人を育てていくことが業績拡大にもつながるビジネスです。

そこで同社の原田社長は、左官職人を増やすために、自ら東京左官技能者育成協会を立ち上げています。同協会は、東京都から認定職業訓練コースとして認定され、次世代の左官職人を育成しています（東京左官技能者育成協会HP：https://www.sakan.tokyo/）。

この他にも、同社では「職人を育てる」ことを強く意識し、また対外的にもPRしていくことで、左官職人に魅せられた意欲ある若者や女性を積極的に採用しています。

◎清川メッキ工業株式会社（福井県）

2014年の第5回「日本でいちばん大切にしたい会社」大賞で中小企業庁長官賞を受賞した会社です。

同社では、1997年より毎年、「めっき教室」という出張授業を小学生から大学生を対象に行なっています。

めっき教室では、「職業を選ぶときに大切なこと」を、まず家庭で話し合いを行なってもらってから、授業を迎えます。その後、グループディスカッションを経て、清川メッキ工業の考える「大切なこと」を話し、子どもたち（保護者）との想いのギャップについて話し合います。

最終的に、学校で学んだことがいかに社会で大事なことであるかを、めっき実験を通して体験を行なうという流れです。

この活動を通じて、「働くこととは、地域や自分自身を知ることで世界を理解でき、利他の精神で社会に役に立つ喜びを実感することである」ことを伝えています。

もはや企業が行なうキャリア教育です。

しかし、「めっき教室」について書かれたサイトには「決してこの活動は、ボランティアではありません」とあります。

そして、続けてこう書かれています。

人材育成活動、組織強化活動、社会還元活動、ブランド発信活動であり、一言でいうと「社会投資活動」です。株や買収といったマネーゲームに投資して、お金としての利益を得るのではなく、社員のみなさん、福井の子ども達へ投資をして将来の「お金で買えない利益」を得る活動です。お金で買えない利益とは？　それは、「信頼・安心・人材・人脈」です。

http://www.ip.mirai.ne.jp/~gtokusin/kiyokawa001.pdf

◎株式会社柳月（北海道）

『日本でいちばん大切にしたい会社　1』でも紹介されている和洋菓子製造販売の会社です。

毎年20名前後の大学・短大・専門学校卒採用枠に対して、道内を中心に約4000名の学生が集まります。設立間もない頃から20年ほどは、採用には苦労していたと言います。それが、1968年に全国菓子博覧会に出品されたバウムクーヘン「三方六」がモンドコレクション最高金賞を受賞したことをきっかけに、地元の学生の就職希望者が急増しました。

現在では、スイートピア・ガーデンという工場敷地内に、障がいのある人や地元の小学校、修学旅行生、大人までが体験工房でお菓子づくりを楽しめる施設が設置されています。小学生の修学旅行で同施設でのお菓子づくりの実際の様子を見学したのをきっかけに、高校卒業と同時に同社に入社した社員もいると言います。

さらに、より多くの学生に柳月を知ってもらい、より本気度の高い学生にエントリーしてもらおうと、田村会長（当時社長）と深瀬光正（当時相談役）は、二人三脚で北海道内の各大学で説明会を開催してきました。

最初は参加者が少なく、出席した学生に「参加してよかった」と思ってもらえる説明会にするための創意工夫を重ね、たどり着いたのが「就職とは何か？」「仕事とは何か？」「働くとは何か？」という根本に立ち返った説明会でした。

そこには採用という枠を超えた人財に対する熱い思いがあります。

「最終的に当社に入社してもらえなくても、参加者の今後のためになるような説明会を心掛けた」と深瀬光正（当時相談役）は振り返ります（引用元『なぜこの会社に人財が集まるのか―10％の超優良企業だけがやっている〝人を幸せにする〟経営』〈坂本光司、商業界、2013〉）。

◎社会福祉法人合掌苑（東京都）

2017年の第8回「日本でいちばん大切にしたい会社」大賞で実行委員会特別賞を受賞した社会福祉法人です。

新卒採用に、最低3回の面接を行ない、40時間以上の職場見学を実施しています。これだけの時間をかけるのは、どういった職員が働いているのか、施設がどのように運営されているのかをリアルにわかってもらうためです。「本当にここで仕事をしていけそうか」と学生自身が考え、見極める時間を提供しているわけです。

実際に職場見学をすることで、「自分には合わない職場だ」「自分にはこうした働き方はできない」と感じた人は自然に離れていきます。

一方、入社する人は「この人たちと一緒に働きたいと思ったから入社を決めました」という人がほとんどです。

著書『介護経営イノベーション』では、この取り組みをする考えについて、森一成理事長の言葉がありますので、ここで引用します。

採用する側とされる側が、入社前にお互いを見極める作業は非常に大切です。なぜなら、入社してから進みたい方向、目的地を揃えようとしても、そもそも採用段階で違う方向を望んでいる人の行きたい方向を後から変えるのが難しいからです。相手の人間性を変えることはできないのです。

ただ人材が不足しているから頭数を揃えるために、誰でもいいから採用したいというようなスタンスでは離職率を下げることは難しいですし、そうした企業には魅力がないので人も集まりません。その結果、負のループにはまってしまっている介護事業所が多いのが現状です。

◎株式会社生活の木（東京都）

ハーブとアロマテラピーで業界売上No.1で、リンクアンドモチベーションによる社員満足度調査で東日本エリア第1位を獲得している会社です。

その後、自分の進むべき道が見つかって、希望の就職も叶いました。残念ながら御社の試験には落ちましたが、おかげさまで人生の大事な場面に臨む際の姿勢に気づくことができ、自分でも成長できたと実感しています。ありがとうございました……。

これは、最終面接に不合格となった学生さんからの手紙です。

このような手紙が届くのは、同社が「人育てをする採用面接」を行なっているからです。一次面接、二次面接など早期の選考段階では、「とりあえず受けに来ました」という学生さんは多いものです。同社も例外ではありません。

でも、同社はそんな相手を黙って不採用にはしません。当人に「それじゃダメだよ」とあえて言うのです。例えば、次のように本気でその姿勢を諭します。

「あなたは『本気で入社したい』と言いながら、うちのことを全然見ていないじゃない？　次に面接に来るときには、少なくとも20店舗くらい見てきて、自分の感想を言えるくらいになっておきなさい。そういうことができないと、他の会社を受けても落ちますよ」――『まかせる経営　ノルマをなくせば会社は伸びる』（重永忠、ＰＨＰビジネス新書、２０１５）

面接を受ける過程で、学生は成長していきます。そして、次第に学生にとって、本気で向き合い、成長させてくれるこの会社は「one of them の会社」ではなくなっていきます。つまり、「心から入社したい会社」になっていくのです。

先に紹介した三和建設株式会社（大阪）を含め、これらの会社に共通するのは、「採用してから教育する」のではなく、「教育してから採用する」という考え方です。

自社の価値観や仕事のおもしろさは、一度や二度の面接では、伝えることは難しいものです。いずれの会社も、何度も定期的な接点を持ち、自社の価値観や仕事のおもしろさを啓蒙、教育していることがわかります。

「こういう仕事、楽しくない？」

「こんな困っている人がいるから、解決するために一緒に仕事しよう」と。

「採用目標を達成させるために逆算して活動するのではなく、順算思考でコツコツと地道に採用活動を行ない、いつしか自社にファンがついている」というのが、ここで紹介した会社の状態です。

「将来のお金で買えない利益」の真意

将来の「お金で買えない利益」とは、地域の人たちが、名社の存在を誰もが「あの会社はいい会社だよね」と知っている状態です。

就職活動を始める大学2年や3年になって初めて知る会社とは、スタートラインが違います。親から内定辞退を受けてしまう会社とは一線を画していると言えます。

この話を経営者や採用責任者の方にすることがあります。

すると、「そうは言っても、なかなかできることではないですよね」とか、「どうしてそこまでやるのか?」という表情をされることが少なくありません。

あなたはいかがですか?

あえて私は言いたいです。

「どうしてそこまでやらないんですか? 人財がすべてなんでしょ?」と。

将来を共に生きるパートナーを見つける活動なのだから、それくらいやるのがあたりまえ。これが採用のうまくいっている会社のあたりまえなのです。うまくいっている会社は、採用活動を命懸けでやっています。

今や、個別企業の客観的な評価を知るために口コミサイトを見る人が多くなっています。２０２３卒学生の調査によると、「よく見た」39・6％、「それなりに見た」42・8％を合わせると82・４％が見ているというデータもあります。

同調査では、口コミによって影響を受けた経験のなかで、「口コミが悪かったので、志望度が下がった」割合が41・７％もあります。

情報発信側の企業は、変装はやめましょう。よく見せようと思うのはわかります。でも、受け手（相手）は言語化できないまでも、「なんか違う」「なんかしっくり来ない」「なんか……」と思うものです。

これから**採用直結型インターンシップは、一般的になっていく流れ**です。でも、単に採用目的でやるのではなく、本気で教育するつもりでやりたいものです。

変装して採用しても意味がありませんし、変装していたら、いい採用はできません。

自社に合った採用方法の見つけ方

何が自社に最適かどうかは、いろいろとやってみないとわかりません。これにはP

ＤＣＡサイクルを回していくしかありません。日頃、経営をしているなかで実践しているることを採用でもやればいいだけです。

「あらゆることをたくさんやってみて、その結果を検証して、次に進んでいく」

これを繰り返していかない限り、自社に合った方法は見つけ出していくことはできません。

ですから、私もコンサルティングに入った1年目は、「あらゆるやり方があること」や「他社事例」は情報提供しますが、「これがいいから絶対に使いましょう」とは言いません。いや言えません。

あるべき姿と現状とのギャップが問題です。

その問題を解決する切り口の１つがプロモーションです。そのプロモーションのやり方は膨大にあります。

あり方は１つ、やり方は無数なのです。

これは、家を建てたいと考えたとき、住宅メーカーやら工務店、設計事務所など、膨大にありすぎて悩んでしまうのと同じです。

ただ、家は専門家に任せないと建てられませんが、人財は専門家に任せなくても採用できます。

外部の力に頼りすぎていると、自力で採用する力が身につきません。何年採用活動をしていても、いつまで経っても、再現性がないのです。

外部に任せすぎると、ノウハウが自社にストックされていきません。

営業活動を外注すると、いつまで経っても売る力が身につきません。売れないことを外部のせいにします。問題は商品力のせいかもしれません。ユーザーが本当に求めている商品・サービスではないかもしれません。アプローチしている対象が間違っているかもしれません。アプローチのやり方が間違っているかもしれません。

ＰＤＣＡサイクルを正しく回し、勝ち続ける状態をつくり出すための鉄則は、**必ず自ら計画を立て、自ら実行し、成果が出ていないとしたら自らの責任とし、自ら改善計画を立てる**ことです。

どんなやり方に手を出すにしても、この姿勢を持ちさえすれば、いずれ自社の勝ちパターンを見つけ出すことができます。

エントリーは、「量」より「質」

――いい人財を集める②

量に比例してかかる3つのコスト

もし、あなたが10人を採用したいと考えたときに、何人を集めるのが理想だと考えますか?

50人ですか? 100人ですか? 200人ですか? 300人ですか? それとも1000人ですか?

答えは、10人です。

理想は、10人を採用するために、10人の候補者を集め、10人全員を採用すること。

ただ、これはあくまでも理想です。なかなかこのとおりにはなりません。

でも、これが採用活動における理想であり、「あるべき姿」です。

なぜなら、採用活動には膨大な時間と費用と労力がかかります。「時間的コスト」「経済的コスト」「精神的コスト」です。エントリーする人数が多ければ多いほど、この3つのコストは増えていきます。

①時間的コスト

時間的コストとは、**アプローチに対してリターンが得られるまでの時間**です。エントリー数が多ければ多いほど、次のスケジュールを組むのに時間を要します。面接の日程を決めて返事があるのを待つのも、10人と100人だったら10倍の時間差が発生します。

それらは、雪だるま式に増えていき、採用業務を圧迫していきます。また、応募者の時間的コストも奪っていくことになります。

私がコンサルティング支援に入っていつも気にかけているのは、採用担当者の業務配分です。

「弊社は、残業がないですよ、休日出勤はないですよ」と言っている採用担当者が、時間外に学生と面接していたり、休日に会社説明会をしていたりしたら、説得力がないでしょう。嘘をつく人、言行一致でない人は信頼されません。世の中の原理原則です。

②経済的コスト

経済的コストも馬鹿になりません。

103万3000円——。

これは、中途採用において、入社予定者1人あたりにかかった平均採用費、つまり採用単価です（出典：就職みらい研究所 就職白書2020 https://shushokumirai.recruit.co.jp/wp-content/uploads/2020/06/hakusyo2020_01-48_up-1.pdf）。

同調査で、新卒採用の入社予定者1人あたりにかかった平均採用費は、93万6000円でした。

エントリーが多ければ多いほど、リアルならば説明会の会場費もかかります。配布資料の部数も増えますから、単純にお金がいります。

他にも、30人に内定を出して、その中から10人の内定承諾を狙ったとしたら、30人にフォローが必要になります。食事会をセッティングしたり、懇親イベントを開いたり……。

理想は、これらのことをしなくとも、最終選考に来た10人の学生全員から「もう御社以外は断ってきたので、御社に入れてください」と言ってもらうことです。

新卒採用には、おおまかに次のようなコストがかかります。

◎就職情報サイト掲載料、イベント出展料などといった【広告費】。

◎採用ホームページ、入社案内などといった【採用ツール制作費】。

◎会社説明会・選考会等会場使用料などといった【セミナー運営費】。

◎電話オペレーターやデータ分析などを外部委託している場合は【アウトソーシング費】。

自社では1人を採用するのにいくらの費用がかかっているのか、一度計算してみるといいでしょう。

③精神的コスト

精神的コストは、苦労やストレスなどです。これは採用担当者にとってもそうですが、**見逃せないのは応募者の精神的コスト**です。

エントリー数が増えれば増えるほど、自社の採用基準を下回る人数が増えてしまったとしたら、不採用になる人数が増えるわけです。本来採用されるべき企業を受けに行っていればよかったのに、自社に応募したがためにその機会が奪われているとしたら、応募者にとって不幸と言えるでしょう。

自社にとっても、同様です。

本来、フォローすべき採用基準に達している人財への接触量が減り、入社動機を高められなくなれば、せっかくの応募者を他社に奪われてしまうことにもなりかねません。

つまり、**量が多すぎると、【一人ひとりの単純接触回数が減る】→【入社動機を高められなくなる】→【コンバージョン率が落ちる】というサイクルに陥ってしまう**のです。

採用活動に無尽蔵に自社の戦力（時間、人）を投資できるならいいですが、やはり適正なラインはあります。

理想は10人を採用したいなら、10人の候補者を集め、10人全員を採用することです。

しかし、それは現実的ではありません。

ただ目指すべき「あり方」を間違えてはいけません。

10人採用することが目標であって、**エントリー求職者を増やすことが目的ではない**ということです。

そのあたりも踏まえて、先述の「採用パイプライン」を設定してみましょう。

「はじめまして」で伝えるべき情報
——いい人財を集める③

人が動かない4つの理由

就職情報サイト、自社サイト、紙媒体、駅広告、合同企業説明会……。

自社のことを、初めて知ってもらうタイミングは必ずあります。

営業でも、集客でも、広告でも、クラウドファンディングでもなんでもそうですが、人が動かないのには理由が大きく4つあります。

1つ目は**「知らない」**。
2つ目は**「興味がない」**。

3つ目は**「忘れている」。**
4つ目は**「迷っている」。**

動かしたい相手が動いてくれないとしたら、その相手がそもそも今、このなかのどの状態にあるかを正しく確認することが必要です。

目には入っても、脳には入っていない

採用活動においては、動かない理由の大部分が「知らない」という事実です。
では、知ってもらうには、どうすればいいか？
いろいろな方法があることはすでにお伝えしたとおりです。
どんな方法を使うにしても、「人間の認知構造」は知っておいたほうがいいでしょう。
それは、**「選択的認知」**というものです。
簡単に言うと、「人は認知するときに選択している」ということです。

すべての情報を一律に認知しておらず、「これは認知しておこう」「これはあんまり自分には関係ないから別にいいや」というふうに**無意識的に選択している**のです。

たとえば、突然営業パーソンが飛び込み訪問をしてきて、商品説明を始めたとします。あなたにとってその商品はまったく必要ないし、関係もないし、知っておくべき情報ではなかったとします。

その場合、あなたは初めから認知しようとしません。脳の認知ブロックと言えばいいでしょうか。

目には入ってきていても、脳には入ってきていません。

脳には「選択的認知」というブロックがありますので、「知らない」を「知る」に変えるのは考えている以上にたやすくありません。

「知らない」を「知ってもらう」に変える秘策
――「インパクト」×「コンパクト」

でも、相手にとって「知らない」を「知る」に変える方法はあります。

それは、**「インパクト」×「コンパクト」**です。

就職情報サイトを見ていると、本当に疲れます。もはや就職情報サイトは食傷気味になっています。似たような情報が飽きるほど、載っているからです。

私は過去に求人情報サイトを運営していた側なのでわかりますが、どうしても似てきてしまうのです。

なぜなら、求人原稿を作成するのは、決まった人たちだからです。

私も求人原稿を毎日ひたすら作成していました。自分がつくった切り口がある企業で当たったとします。キラーワードの完成です。求職者の気持ちを捉えて、応募者を増やすことができたわけですから、お客様にたいへん喜んでいただきます。

そうすると、他の企業で、同じようなターゲットの募集があった場合に、またそのキラーワードを使います。そうすると、また当たるのです。応募が何倍にも増えます。

結局、このキラーワードは、求人情報サイト内にあふれかえります。その結果、どの企業の求人情報も似たような内容になってしまうわけです。

そこで考えていただきたいのは、**自社ならではのメッセージ**です。

自社が大事にしてきたこと、新しく迎え入れる人財に約束すること、期待すること……。

WHY・WHO・WHATで整理してきたことを基に、自社しか発信できないメッセージをつくるのです。

でも、ダラダラ書く必要はありません。なぜなら、基本、全部は読まれていないからです。知らない会社の情報を初めから一字一句読むような人はほとんどいません。

だから必要なのは、「コンパクト」です。

「はじめまして」のあとにつなげるべきこと

そして、何より重要なことを最後にお伝えします。

それは、「はじめまして」のシチュエーションにおけるゴールです。

「はじめまして」のあとに何を入れるか?

人と人とが出会いました。その後の流れはどうあるべきか?

特にビジネスにおいては、「はじめまして」の次こそが重要です。

「はじめまして」→「さようなら」ではダメ。
「はじめまして」→「また機会があれば」でもダメ。
「はじめまして」→「次、いついつに会いましょう」があるべき姿です。

「はじめまして」のゴールは、**次の約束を交わす**ことです。

この目的を明確にし、メインメッセージをはっきりさせることが重要です。

つまり、採用サイトは、「リアルに会いたい」と思わせることにのみ目的を置かなければなりません。

合同企業説明会は、「さらに詳しい話を聞きたい」と思わせることにのみ目的を置かなければなりません。

ダラダラと情報を載せるのではなく、「もっとリアルな情報を知りたい」と思わせるメッセージを発することが重要です。

その際に、気をつけるべきは、**「誰でも入社できるようなイメージを持たせない」**

ことです。

適切な人をバスに乗せるためには、むやみに候補者を集めることはお互いのコスト（時間的、経済的、精神的）を奪うことになります。

ですから、**採用基準に合う人財に対して、手紙を書くイメージでメッセージを発するのがコツです。**パーソナルにコミュニケーションするつもりで「会いたい」と思わせるメッセージを考えてみてください。自社にとって対象外の人財が、「これは自分に対してではないな」と気づき、応募してこないことも重要なことです。

効果的なスカウトメールの書き方①——件名

スカウトメールは、採用候補者と想定される相手に自社からダイレクトに連絡するメールのことを言います。

スカウトメール送信から応募までは、次のプロセスを踏みます。

【スカウトメール閲覧】→【求人閲覧】→【応募】

スカウトメールを送信すれば、相手は開封して閲覧してくれるとは限りません。「私には関係ない」「興味がない」と思われた瞬間、スルーされます。

では、どうすれば「私に関係がある求人かもしれない。ちょっとこれはチェックしておこう」と思われるでしょうか。

特にこだわるべきは、「件名」です。スカウトメールのうち、まず目に触れられるタッチポイントだからです。メール本文は開封させない限り読ませることはできませんが、「件名」は受信ボックスにメールが届いた瞬間に読ませることができる限られたメッセージです。

そこで、件名を考えるうえで重要なポイントは2つです。

1つ目のポイントは**「特別感を出す」**、2つ目は**「相手の感情に寄り添う」**です。

それぞれ詳しく解説します。

①特別感を出す

件名に、相手の名前を入れることができるなら入れてください。自分に届いたメッセージなら、開封しないといけない気がします。名前を入れられないなら、学生の場合、「〇〇大学のあなたにだけお伝えしたい案内です」と入れるだけでも違います。

特別感については、件名だけでなく、本文にも意識したいことです。

本文には、「あなたにしか送っていないメッセージ」であること、そして、なぜなのかの理由を記載します。理由がなければ、「そんなの他の人にもどうせ言っているんでしょ」と思われてしまいます。チャラ男のように思われては逆効果です。「だから、あなたにスカウトしているんです」といった理由を加えて特別感を演出することで、「わざわざ私にだけ送ってくれたなら、考えてみようかな」と思わせることができます。

そういう意味でやってはいけないのは、「〇〇大学の皆様」「〇〇な方は～」という表現です。

なぜNGなのか？

パーソナルでなく、マスアプローチであることがわかってしまうからです。実際は複数の相手に同じメールを送っていると、ついついマスの表現を使ってしまいがちです。

人は、まったく同じメッセージであっても、「1対複数」のメッセージと「1対1」のメッセージでは反応がまったく変わります。人は、「1対1」、つまり、自分だけに対してメッセージを出されると、反応しなければならないと思うものです。

たとえば、私は研修やセミナーに登壇するときは、この法則を使います。反応が悪い受講者にあえて、「Aさん、これについてはどう思いますか?」などと尋ねたりします。それまで「みなさん、これについてはどう思いますか?」と尋ねていたときは無反応だったAさんも、直接講師から名指しで声をかけられたら、さすがに無視はできません。少なくとも何らかの反応はするものです。

スカウトメールでも、不特定多数のメッセージだと反応は落ちます。「私にだけ」というパーソナルメッセージにすることで、反応率は上げることができます。

新卒採用で個別会社説明会の集客に苦労していたコンサルティング先は、これを実践することで、前年より65名多くの学生を、エントリーから個別会社説明会に集客することに成功しました。

②相手の感情に寄り添う

ポイントの2つ目は、「相手の感情に寄り添う」です。

「求職者がどのような気持ちで就職活動をしているか」を念頭に、自社がそれに対応できる会社であることを訴える件名にします。

ＩＴエンジニアの募集で、スカウトメールの反応が薄いという会社をコンサルティングしたときの話です。その会社では未経験者からのＩＴエンジニアの募集を行なっていました。

反応が薄いスカウトメール件名は次のようなものでした。

「未経験から当社でＩＴエンジニアになりませんか？」

しかし、これでは多くのスカウトメールに埋もれてしまいます。あたりさわりのない表現ではスルーされてしまうものです。

そこで書き換えたのが、次の件名です。

「未経験でも安心してください。過去1年で38人を経験ゼロからITエンジニアに育成した研修があります」

「未経験だけど大丈夫か？」

未経験職種にチャレンジしようとしている求職者は、一般的に不安な気持ちを抱いています。その気持ちに寄り添い、どんな言葉を投げかければ、その不安が安心に変わるのか、想像して考えたメッセージです。

件名を変えたことで、1カ月あたり1～2名の応募だったのが15名の応募に増えました。それは、

「求職者がどのような気持ちで就職活動をしているか」

「メッセージを受け取ったときにどんな感情になってもらえれば興味を持ってもらえるか」。

そんなことを、コンサルティング先のメンバーと愚直に考え抜いたからです。

他にも、「物流の仕事！　営業からのキャリアチェンジ歓迎！」という件名を変えて応募者数が増えたケースもあります。

営業をしている人が「物流の仕事にキャリアチェンジしませんか？」とスカウトされてもピンと来るか。私にはそうは思えませんでした。そこで「営業という仕事とその会社における物流業務との相違点と共通点は何か」を考えました。それでつくったのが次の件名です。

「ノルマはきつくて営業はしたくない！　でもお客様と密に関われる物流の仕事！」

「営業職の人はなぜ転職活動をしているか」

実際に転職する理由は、現職でのノルマや就業条件に対する不満が多いものです。

「今の会社での営業という仕事に疲れてしまったから」

そんな感情を持った相手を対象に、「どのようなメッセージだと関心を持ってもらえるか」と考えました。

きっと「ノルマはきつくない仕事、でもこれまでの営業経験からお客様との関係性を大事にできる仕事」は一定のニーズがあるという仮説を持ちました。そのうえでコンサルティング先のメンバーと愚直に考え抜いたのが先ほどの件名でした。

【スカウトメール件名】

◎悪い例

1．営業経験者を大募集

2．未経験から当社でＩＴエンジニアになりませんか？

3．物流の仕事！　営業からのキャリアチェンジ歓迎！

◎良い例

1．営業経験がある○○様にご案内です。

2．未経験でも安心してください。過去1年で38人を経験ゼロからＩＴエンジニアに育成した研修があります

3．ノルマはきつくて営業はしたくない！　でもお客様と密にかかわれる物流の

仕事！

効果的なスカウトメールの書き方②――メール本文

「特別感を出すこと」「相手の感情に寄り添うこと」は、件名だけに限りません。本文も同様です。**「私のことをわかってくれたうえで送っている」**ということが伝わることが必要です。

そのためには、登録されている相手の情報を十分に読み込み、**「あなたの経歴や信条を評価している」**ことを伝えるべきです。

実際にスカウトを送っているわけです。

スカウトした理由が具体的でなかったり、そのように思ったエビデンスがなかったりすれば、パーソナルなスカウトとは思えません。

「当社はこういった背景で募集していて、こんな人財を探していて、○○様には当社で活躍できる可能性を感じたから」とスカウトした理由を明確に伝えることが重要です。

そして、そのように感じたのは、「たとえば、○○様の登録情報に〜と記載があったから」と具体的にポイントを示すことです。

この2つが重要です。スカウトするほうが実際に登録している情報を引用して書くことで、「自分のことを理解してくれている」と実感を持ってもらいやすくなります。

【スカウトメール本文例】

○○様

はじめまして。株式会社●●●● 採用担当の▼▲と申します。

Web履歴書を拝見させていただきました。

○○様が株式会社■■■■様にて、営業職として成果を残されたご経歴を拝見し、その達成のノウハウは当社でも活かせるはず！　と感じました。

試行錯誤を経て得られた成果なのだと思います。

これまでに培った能力をぜひ当社の営業で活かしていただきたい、そう考え、今回ご連絡を差し上げました。

本オファーは、○○様への特別選考オファーです。
志望動機不問にて、まずはカジュアル面談にてお話をさせていただきたく考えております。

まずは、本メールにて当社で働く魅力をご紹介させてください。（一部）

＝＝＝＝＝＝＝＝＝＝＝＝＝＝＝＝＝＝＝＝＝＝＝＝

○○○

＝＝＝＝＝＝＝＝＝＝＝＝＝＝＝＝＝＝＝＝＝＝＝＝＝

いかがでしょうか？

少しでもご興味を持っていただけたならうれしく思います。

〇〇様からのご返信を、心よりお待ちしています。

株式会社●●●●

採用担当　▼▲

求職者に興味を持たせる技術

——いい人財を惹きつける

会社説明会では、説明はいらない

新卒採用においては、会社説明会を行なうのが定番になっています。コロナ禍以前は会議室を一定時間貸し切ってやるのが普通でした。コロナ禍を経て、今ではインターネットのサービスを使って、自宅に居ながら会社説明会に参加するのがあたりまえになっています。

中途採用の場合には、面接の場で会社の説明をしますので、同じことだと捉えて、この項をお読みいただければと思います。

まず、会社説明会を開催する目的は、選考に進んでもらうことのみにあります。

そのためには、興味を持たせないといけません。

どんなふうに説明をすれば、自社に興味を持ってもらえるか、頭を捻って、あれこれ実践していることでしょう。パワーポイントで資料を作成したり、プレゼンテーションの練習をしたり、準備を万全にして、求職者により正しく自社のことが伝わるよう、説明の仕方を工夫しているものばかりです。

しかし、会社説明会でやってはいけないことがあります。

それは、**「説明をすること」**です。

なぜなら、その情報はもうすでに知っているからです。

会社説明会に参加する人たちは、どんな話を聞きたいと思っているのか、その人たちの立場になって考えてみてください。

インターネットの情報や知り合いからの誘いを受けるなど、何らかのきっかけで、参加した会社説明会です。

そこで聞かされるのが、すでに事前に知っている情報だけだとしたら、「この会社説明会に来た意味ってあったのかな」と思うのではないでしょうか。

すでに選考に進むつもりで参加しているのなら別ですが、説明会の内容次第で選考に進むか否かを検討しようとしている相手には、興味を持たせて選考に進んでみようという動機を持ってもらわねばなりません。

だから、**すでに情報を発信していて、ネットを見ればわかるような話を長々としてはいけません。** インターネットで伝えられることを伝えていたら、ゲンナリされるだけです。インターネットを通じて情報が得られるこの時代に、インターネット

求職者が求める知りたい情報とは？

会社説明会では、どんな情報を発信すればいいのか？

それは、**「一緒に働くのは、目の前のこの人たちですよ」**という情報です。

つまり、入社したら、一緒に働くことになる現場社員を登場させ、話させるのです。

会社説明会の参加者が知りたい情報は、**「社風」**です。

生まれたときからインターネットがあるのがあたりまえの世代は、会わなければわからない情報を求めています。インターネットだけではわからないリアルな情報です。

何を見ているかというと、社員の何気ない表情、社員同士の会話、日常が垣間見え

る情報です。

言語情報ではなく、非言語情報です。社長や社員の熱意、これも非言語情報です。オフラインでしか伝えられないものを伝える場が会社説明会です。

だから、パワーポイントの資料を用意して、プレゼンテーションだけで終わる会社説明会は、参加者が求めていることとは異なります。

リアルな場なのですから、用意したものを説明されても、それならインターネットで十分なのです。

やるべきは**ライブ感のある取り組み**です。社員座談会、即興質問回答会、職場見学ツアーが最もリアルに自社のことを伝えることができ、参加者が満足する取り組みです。

一方通行でなく、**双方向にコミュニケーションを行なう場**が、会社説明会には必要です。もはや会社説明会という名称を変えてしまったほうがいいでしょう。

知名度が低い会社がマッチングの精度を上げた方法

これは、あるコンサルティング先の会社の事例です。

知名度が低く、エントリーがとても少ない会社です。知名度はそんなに簡単に上げられるわけではありません。だから、会社説明会を企画して募集をしても、全然集まりません。

そこで、会社説明会のコンセプトを変更しました。

1対1か1対2の個別就職相談会という形にしたのです。営業で言えば、個別商談会のようなイメージです。

求職者の課題、ニーズを確認しながら、自社が合うところ、合わないところをリアルに紹介していきます。お互いのことを十分に理解したうえで、選考に進むことを提案するスタイルです。

その結果、驚異的なコンバージョン率になりました。毎年100%選考に進むのです。

このことからわかったのは、**「相互理解」がマッチングの精度を上げる**というあたりまえの真実です。

こちら側も学生が自社を選ぶ理由をわかっているし、求職者側も当該会社が自分を選ぶ理由をわかっている、相互理解は、入社するかどうかの意思決定にも直接つながってくる重要なキーワードです。

会社説明会を少人数開催にし、相互理解を高める機会とすれば、非常に効率的な採用活動を実現させられる可能性があります。

知名度が低く、なかなか応募者を集められない会社ほど、相互理解を高めるプロセスを導入するといいでしょう。

見極め、惹きつける技術
――いい人財をつかむ面接術

採用面接を行なう2つの目的

興味を持ってもらい、いよいよ採用面接を行なう段階となりました。

面接は、採用活動において非常に大事な接点ポイントであることはご承知のとおりです。面接がうまくないと、採用活動の成功はありえません。

まず、採用面接を行なう目的を整理してみます。

採用面接には、以下２つの目的があります。

①選ぶ（見極める）……採用基準を上回っているか？

②選ばれる（動機づける）……応募者の選社基準を把握し、ＰＲする。そして、自社への志望順位を上げる。

面接は選考の場です。**「この人は自社で活躍できる人財かどうか」**と選考するわけです。

ただし、選考とは、会社側だけが行なうことではありません。応募者も選考します。**「この会社は自分が活躍できる会社かどうか」**と選考するわけです。

お互いに選考し合う場であり、お互いが正しい判断ができるよう、情報提供し合う場にすることが必要です。

面接官が持つべきスタンス

面接官は「候補者をジャッジしてあげよう」と無意識的に上から目線の態度になりがちです。そのことを自覚し、意識的に気をつけたいところです。

英語では面接は Interview と言います。つまり、面接官は interviewer なのです。

候補者に自身のことを話してもらうため、面接官は自分がどれだけ熟知している内容であっても、その道の素人であるかのように話を聞く姿勢をとるといいでしょう。

候補者は「面接官が自分を認めてくれた」と志望度を高める効果も期待できます。

私もメディアの取材を受けることがありますが、プロのインタビュアーは話を引き出すのがとても上手です。もともと用意していなかったTipsをついつい提供することもあります。

面接でもこれが大事なのです。素の部分を出させるには、interviewerというスタンスを持つことです。

面接官は誰がやるのか？——いい人財をつかむ2つの役割分担

面接官は、応募者にとって選考のなかで接触する数少ない存在です。そして、最も記憶に残る存在でもあります。

面接官を通して、その会社をイメージしますので、とても重要な存在だと言えます。

では、どういった人財を面接官に選べばいいのでしょうか？

動機づけの観点では、面接官は**「応募者とのマッチング」で選定する**ことが重要です。応募者の特徴、ニーズに合わせて面接官選びをしましょう。

人は、自分と共通点がある人に親近感を覚えるものです。出身地、大学、部活動、趣味など共通点があると安心します。選考前に得られている情報から、社内で共通点のある社員をセレクトし、面接に同席させるのです。


なお、面接は、その場で気軽に簡単にできるものではなく、トレーニングが必要です。誰にでもできるわけではありません。

熟練したスキルが必要で、そのためには場数も必要になってきます。

メインで面接するのは、人事の採用担当者など、経験のある人間がやるべきです。

共通点のある社員には、要所、要所で話をしてもらい、志望動機を形成させる役割を担ってもらいます。


先ほどもお伝えしたとおり、面接は、①選ぶ（見極める）、②選ばれる（動機づける）

の2つの目的があります。

この2つの視点を持って面接を行なうことが必要です。

しかし、これは簡単なことではありません。

効果的なのは、面接を「見極め役」と「動機形成役」の2名で実施する方法です。

1人は見極め役、1人は動機形成役という役割分担です。

私が籍を置くアタックス・セールス・アソシエイツでは、一次面接を行なう際に、この役割分担で実施しています。当社の場合、見極め役を私、酒井が担当し、動機形成役を社長である横山が担当します。

私が質問を繰り出し、冷静に応募者を見極めるのに対し、横山は、自社に入社することのメリットを熱く話します。

短時間のうちに、①選ぶ（見極める）、②選ばれる（動機づける）という目的を果たすには、熟練の業が必要です。

人によっては得意、不得意がありますので、このように役割分担をしてみるのも1つの方法です。特に動機づけについては、誰が一番適しているのかよく考えて人選してください。当社の場合は間違いなく社長の横山です。動機づけがきっちりできないことには始まらないため、一次面接から社長の横山に登場してもらうようにしています。

オンライン面接でのポイント

また最近では、オンライン面接が一般的になっています。当社では一次面接から最終面接まですべてをオンラインで実施することも珍しくありません。

オンライン面接の場合、非言語情報が減ることにより、評価のバイアスが抑制でき、正しく見極めができます。その一方で、自社への志望度を高める動機づけがしづらい側面があります。

そのため、前述したとおり、**「見極め役」と「動機形成役」の2名で実施する**ことで役割をはっきりとさせ、その役割に集中させるのは効果があります。

もしくは、**「見極めはオンライン面接」「動機づけは対面面接」と分けて実施する**のも1つです。

見極めと動機づけを適切に行なうために

見極め役・動機づけ役を分担する

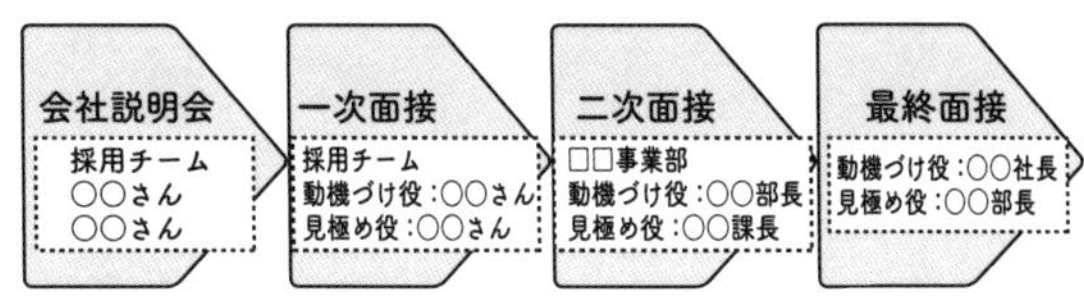

見極めと動機づけを適切に行なうために

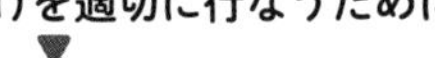

「見極めはオンライン」「動機づけは対面」と分ける

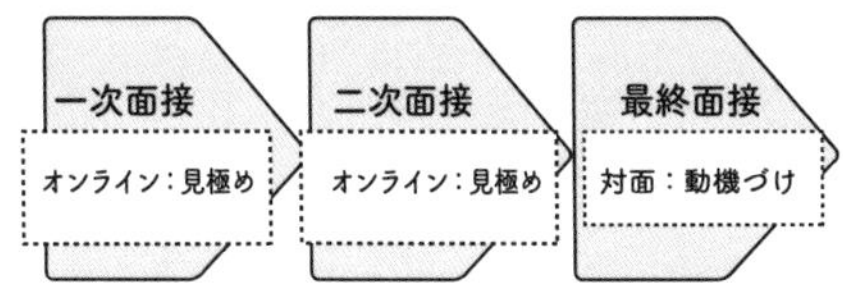

動機づけを適切に行なうために

▼

「カジュアル面談」の機会を設ける

※カジュアル面談：企業と候補者が情報を共有し、相互に理解を深める場

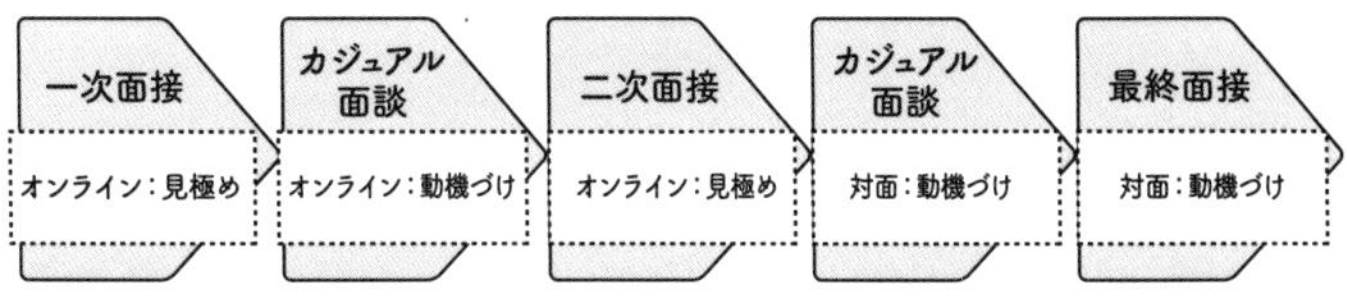

POINT

◎基本的な姿勢は、「候補者の意思決定を手助けするために行なう」。
◎候補者の今後の人生を考えたうえで、最適解を一緒に考えていくという姿勢を持つ。
◎候補者の人生の目的を再確認し、自社に入社することでそれが実現できる可能性を伝える。

または、「カジュアル面談」を選考の合間に入れて、動機づけするのも手です。

相手のホンネを引き出し、こちらに惹きつける面接の流れ

具体的に面接ではどのようなスタンスで臨むのがいいのでしょうか？

私自身は、前職を含めて、約３０００人と面接をしてきました。

応募者には、心を開いてもらわなければなりません。そのためには、面接する側の人間は話しやすい場をつくる必要があります。

そのため、面接はアイスブレイクから始めます。

オンラインであれば、「今日はご自宅ですか？」とか、「お仕事は今日何時までだったのですか？」「Zoomを使うことはよくありますか？」などと、当たり障りのない会話のキャッチボールをします。

その次にやるのが、面接官の自己紹介です。

まずは「自分が何者であるか」を相手に伝えることは当然と言えば当然ですが、面接の場面ではわりと省略する人がいます。

「返報性」というものがあります。面接の場はお互いに見極める場である以上、面接官にとっては候補者にありのままを話してもらう必要があります。それならば、まず面接官側から自己開示をするのです。

「酒井利昌と申します。この会社に入って▲▲年になります。それまでは△△業界と▽▽業界にいました。私の場合は～のいきさつがあってこの会社に入りました。私がどうしてこの仕事を続けているかなどもあとでリアルにお話しできればと思っています。〇〇さんがご縁あって当社に入社した場合は、いずれ私と同じ仕事をすることになりますので、なんでもご不明な点は聞いてくださいね。今日はよろしくお願いいたします」

その後、面接の流れを説明してから質問に入っていきます（冒頭に今日の目的や流れを説明することを「プリフレーム」と言います）。

質問をしたのちに、会社説明をして、最後は候補者からの質疑に応答するという流れです。

会社説明をはじめにしないというのもポイントです。

相手のことを知らない状態で会社説明をしても、通り一遍の説明しかできません。そうではなく、質問を通じて相手のこれまでのことや価値観、どういう理由で転職しようとしているのか（中途の場合）、会社を選ぶ基準は何かを把握したうえで、相手に合わせて会社説明をします。

この手順で進めるから、事前に準備していた「マッチングポイント」（270ページ参照）を参考にして、目の前の候補者に合わせて動機づけができるわけです。

面接中に、面接官として心がけておきたいポイント

私が行なっているスタンスは、少し先に入社した「先輩」が、**これから一緒に働く後輩と話すつもりで、応募者と同じ方向を向いて、共に考える**ことです。上から目線

▼理想的な面接の流れ

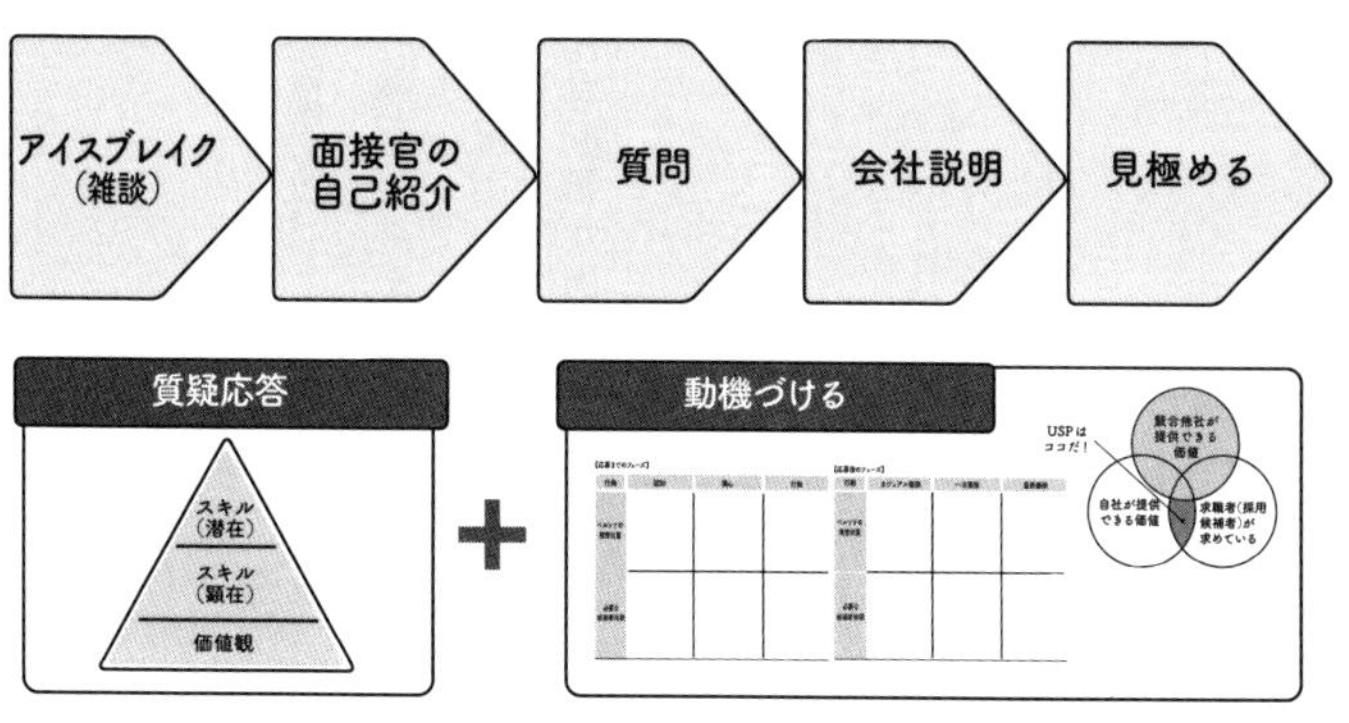
アイスブレイク
（雑談）
面接官の
自己紹介
質問
会社説明
見極める
質疑応答
スキル
（潜在）
スキル
（顕在）
価値観
動機づける
USPは
ココだ！
競合他社が
提供できる
価値
自社が提供
できる価値
求職者（採用
候補者）が
求めている

ではなく、ほぼ同じ目線で、常に共感の姿勢を示しながら話を聞いていきます。

心掛けていることは、以下の点です。

◎一問一答式の面接はしない（自然なコミュニケーション）。

◎質問の際に、面接シートに目線を落とさない（応募者に目線を合わせる）。

※オンラインの場合は、メモの位置をカメラに映るように意識する。

◎ペーシング（共感）する（どんな回答があっても、いったん必ず受け入れる）。

たとえば、意識してうなずく、バックトラッキングする、ほめどころを見つけてほめるなど。「頑張ってこられたんですね」「まわりから信頼されていたんですね」といった声がけをする。

動機づけを会社への関心レベルの指標だけで捉えている人が多いですが、動機づけの指標は、それだけではありません。

候補者は、会社側が評価してくれたことで動機づけされるものです。だから、候補者に関心を寄せることが先です。「好意の返報性」というものが人間同士にはあります。評価とは、目の前の候補者を理解することです。理解しようとする姿勢が動機づけにつながります。

なお、ホンネを引き出せないと、①の目的である「見極める」ことができません。しかし、それ以上にこのスタンスを持つことで、②の「動機づける」ことができるようになります。

応募者は、「ホンネが話せた」という実感が持てると、そのホンネを引き出してくれる相手を安全安心の場だと捉えます。ここは自分がホンネを話してもいい場なのだ、「居場所」なのだと実感します。

また、自身の経験を基に、自分の言葉で仕事のやりがいを伝えれば、応募者の心に響かせることができます。

誰もが言うことではなく、「私は、こういう理由で入社しました」「私は、この仕事をするうえでやりがいを感じるのはこういうときです」「私は、新しく入社する人にこういうことを実現させてほしいです」と**「私は」を主語にして話すと、相手に伝わりやすくなります。**

見極めるポイントは、結果主義でなく、プロセス主義

――できる面接官が持っている「掘り下げ力」

まず、見極めるべきことは、価値観とスキル（顕在）についてです。

見極めるために、面接をする人は「掘り下げ力」が必要です。

応募者はある程度、質問されることを予想して準備してくるものです。**まずは答えやすい質問から入り、それを受けた回答から掘り下げていきます。**

新卒採用の場合、職歴がないため、応募者間で違いを見つけられるほどの判断材料が多くありません。一般的な質問をしているだけでは、違いがわかりません。

そのため、過去の体験・行動を深く掘り下げていく必要があります。

「その結果を得るために、どんな行動をしたのですか？」

「そのとき、そのような行動をしたのはなぜですか？」

▼面接官として見極めるべきこと

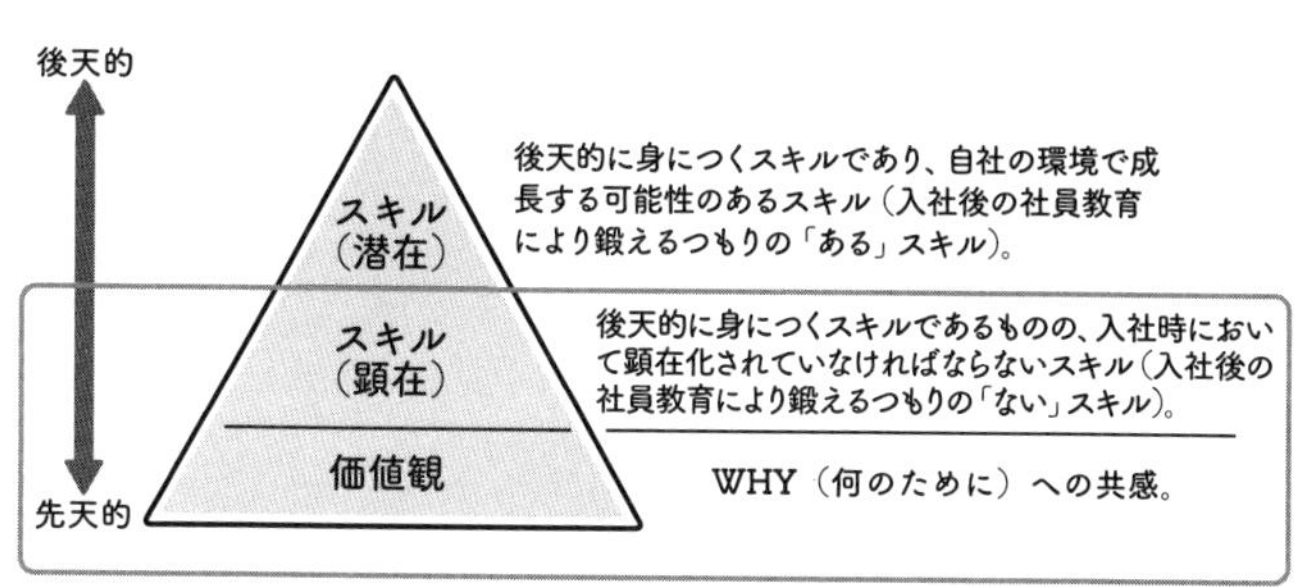

このように、「過去の成果」でなく、成果を生んだときに取った思考や行動の「事実」を確認します。

過去のエピソードを聞くときには、その結果の大きさで判断してしまいがちです。県大会出場より全国大会出場のほうが結果としては優れています。しかし、その結果を得るまでのプロセスがどうだったかを掘り下げていく必要があります。

なぜなら**「再現性」がなければならない**からです。

成果を出し続けるためには、自ら考え、行動し、検証し、改善していくＰＤＣＡサイクルが欠かせません。

自社で活躍できるかという未来を推測す

るためには、過去の思考、行動が判断材料となります。

なお、大事なことは**事実を確認する**ことです。その際、できるだけ定量情報や固有名詞を聞くべきです。マッキンゼーのフレームワークの「空・雨・傘」にあるように、空（＝事実）を確認しないことには、雨（＝解釈）と傘（＝対策　※面接の場合は採用不採用の判断）を誤ってしまいます。

◎月間どれくらい訪問していましたか？
◎最大どれくらい訪問していましたか？

面接する人にはこのような掘り下げる力が求められます。それには、それ相応のトレーニングが必要なのは言うまでもありません。

掘り下げることで、惹きつけられる

実は、この**掘り下げ力は、相手のホンネを引き出す以上に、選ばれるためにこそ重**

要なスキルです。

なぜなら、掘り下げることによって、４１０ページで述べたとおり、「ここは自分がホンネで話せる場」と実感してもらえるからです。その時点で他社より優位に立つことができるのです。

コンサルティング先で私のトレーニングを受けた面接官は、結果、学生からこのように言われたそうです。

「他社ではここまでの話はしませんでした。御社は私のことを理解しようといろいろと話を聞いてくださいました。自分のことをしっかり理解してくれたうえで、内定を出していただいたので、安心感と納得感が他社とは比較できないほどあります。御社で頑張りたいです。どうぞよろしくお願いいたします」

面接の場で、相手のことを正しく引き出し、理解ができれば、動機形成をすることにつながります。

▼「採用目的別」面接質問集

■面接の流れ
（1）アイスブレイク（雑談）
（2）会社側からの自己紹介
（3）候補者への質問……候補者の主観による「意見」ではなく、
　　経験や実績の「事実」を聞く！
（4）会社説明、事業説明
（5）質疑応答

■採用目的別「事実」を聞くための面接質問集

No.	採用目的	質問例
1	目標にコミットする人財を採用したい （目標達成にフォーカスし、行動してきたかを見極める）	・前職（現職）で目標達成（売上、KGI など）できたのはなぜでしょうか？ ・前職（現職）で目標達成（売上、KGI など）のために、どのような行動を取りましたか？　その行動に至った経緯は？ ・「このままでは目標達成（売上、KGI など）ができそうにない」状況に陥ったとき、あなたならどうしますか？
2	自発的に行動し、本質的な課題解決ができる人財を採用したい （「仮説→検証→修正」を繰り返し行なえているかを見極める）	・新規営業先（ターゲット・業界・顧客）の選定は、前職（現職）では誰の仕事ですか？ ・○○業界への拡販に成功したということですが、他の業界を攻めて失敗した体験談はありますか？ ・（失敗体験がある場合）その失敗を経て、どのように改善・実行しましたか？
3	異業種から、自社で成果を上げられる人財を採用したい （「モノ売り」ではなく「コト売り」の経験があるかを見極める）	・自身の活動によって顧客の課題解決に至った事例を教えてください。 ・（その事例において）ヒアリングや解決策提案はどのように進めましたか？ ・（その事例において）顧客の課題解決ができた要因は？ ・異業種の新しい職場でも成果を上げられる自信はありますか？　それはなぜですか？ 前職での実例をもとに教えてください。

参考
・「なぜ」という問いを繰り返すと圧迫面接のようになりかねないため、深掘り質問では「なぜ」を繰り返さないようにする。
・「なぜ」の代わりに、上記の「理由は」「きっかけは」「原因は」「背景は」「由来は」「具体的には」などの別表現で問い続けて、詰問にならないように留意することが重要。

候補者が話しやすい配慮のコツ

候補者が話しやすい配慮としては、「過去 → 現在 → 未来」の順番で質問することです。

質問内容の時間軸が「未来 → 過去 → 未来 → 現在 → 過去 → 現在」のように行ったり来たりを繰り返すほど話しにくいことはありません。

「『過去→現在→未来』の流れで質問していこうと思いますね。では、まず過去から～」

といったように先に枠を提示してあげる（プリフレーム）と、事前に心の準備もできて話しやすいものです。

過去、現在、未来それぞれで、質問例を挙げてみます。

【過去】

・新卒のときに、どんな軸で採用活動していたのですか？
・どこに内定をもらっていたのですか？
・なぜその会社に入ったのですか？

【現在】

・今までで一番手応えを感じた仕事は何ですか？
・同じ会社の他の人も同じようにやっているのですか？
・その職務に就いている人は何人で、そのうちあなただけが意識してやっていることはありますか？
・社内で、尊敬していたり、目標にしていたりした先輩はいますか？
・ライバル会社の商品で気になっていたものはありますか？
・今の仕事におけるやりがいはなんですか？
・自分が就いたら絶対に向いてなさそうな仕事は何だと思いますか？

【未来】

・これからどうなっていきたいのですか？
・会社を選ぶ軸はなんですか？
・今、受けている会社はどんな会社ですか？

適性検査と人間の役割

ある意味、**「見極めるのは人間の仕事ではない」と割り切る**ことも必要です。人が人を見極めるには、限界があります。

面接では次のような認知バイアスが発生するからです。

◎**確証バイアス**：偏見を一度持ってしまうと、それを肯定する情報しか耳に入らなくなる。
◎**ハロー効果**：1つの美点に引きずられ、全体の評価を底上げしてしまう。
◎**類似性効果**：人は自分に似ている人に好感を持ち、高い評価をしがちになる。

このように人間には、先入観など無意識のフィルターがあり、適切な判断を妨げてしまいます。だから、**適性検査に任せてしまったほうがいい**のです。

人間の仕事は、惹きつけることのみです。**惹きつけることは、人間にしかできない**ことです。人の感情を熱くすることができますし、人の感情を冷ますこともできてしまうのが人間です。

だから「『誰が』バスに乗せるか」が重要というわけです。

志望動機は聞かない

面接の場において、定番中の定番の質問に、「志望動機を教えてください」という質問があります。ちゃんと準備できる人間かどうか確認する儀式みたいな質問です。

ただし、この質問は、営業が初めて会うお客様に対して、「当社を選んだ理由を教えてください」と言っているのと同じです。

商談中のお客様は、「まだ、当社を選んでいない」段階です。

面接中の応募者も「まだ、当社を選んでいない」段階です。志望動機は、応募者任せでは高まりません。説明会をして、面接をしていれば、自然と高まっていくわけではありません。

こちらが応募者に合わせて、高めていくのが志望動機です。**一緒につくり上げていくのが志望動機**です。

特に初期段階では、志望動機を聞いても、まったく意味がありません。相互理解ができておらず、ましてや学生の場合には、就業経験がないため、表面的な志望動機しか言えないものです。

それを言わせるのは、ただの自己満足にしかすぎません。

志望動機とは、自分と会社をつなぐもの

志望動機は一緒につくっていくものです。新卒採用ならば、【説明会 ↓ 集合面接 ↓ 個人面接 ↓ 最終面接】の接点を繰り返すなかで、徐々に具体度を上げていくものです。

言うなれば、

「私は△△だ。会社は○○だ。だから、私と会社は合っている」（※）

というストーリーづくりです。

（※）△△は、候補者の選社基準（どんな基準で企業を選んでいるのか）、○○は、それに対して自社がマッチしている部分を言う。

だから、会社は候補者のあらゆる情報を収集し、さらに自社の情報を提供する際には、このような型を意識してみるといいでしょう。

「あなたは△△だ。当社は○○だ。だから、あなたと当社は合っている」と。

まずは、事前に現在の社員のストーリーを整理しておくといいでしょう。

自社が候補者にどういうポイントで選ばれたいか？

見極め、動機づける技術として、いい人財をつかむ面接術についてお話ししてきました。

面接とは、「見極め」「動機づけ」のために行なうもの、そして、「見極め」は適性検査や各種診断でも代用が利くものであるのに対して、「動機づけ」は人間にしかできないことであり、動機づける面接、つまり「選ぶ面接」から「選ばれる面接」を意識して実施することが重要だというお話をしました。

そのうえで、選ばれる面接のポイントとして、「面接官の選定方法」「ホンネを引き出すスタンスと掘り下げ術」「一緒に志望動機をつくる方法」について解説してきました。

最後に重要なことをお伝えします。

それは、「どんなポイントで選ばれたいか」です。

突然ですが、「見た目」か「中身」か、あなたが自信のあるのはどちらでしょうか？

（私は見た目には自信がありませんので、中身で勝負するしかないと思っていますが……）

採用活動においても、自社がどういうポイントで選ばれたいのかを整理して、情報提供することが重要です。

給与や休日など**機能的メリット（見た目）**で選ばれたいなら、それでもいいでしょう。

そうではなく、「こんな働き方をしたい」とか、「こういうことができるようになりたい」という**情緒的メリット（中身）**で選ばれたいなら、そこを強調すべきです。

特に情緒的メリット（中身）は、面接や選考プロセスのなかで伝えるべきことです。感覚的なものであり、相手に合わせて伝えるべきことだからです。採用ページで伝えるのにはなかなか難しく、限界があります。

情緒的メリットは、中身ですから、「ありのまま」を見せることが重要です。

◎選考プロセスのなかに、リアルな「中身」に触れてもらう機会をつくる。

◎「この仕事を、この仲間と、この環境でやりたい」と決断できるよう、情報提供する。

これらが「ありのまま」を見せるということです。

また、最近の**内定辞退の少ない会社の特徴**は、採用担当者やリクルーターが学生と個別に向き合い、将来のことや就職活動の相談に乗っているという点です。既存社員が「ありのまま」に接することほど、会社の中身を知る方法はないでしょう。

採用する側が**「審判員」になるのではなく、「伴走者」「応援者」になって**初めて、候補者から得られる情報が変わり、本当に何をすれば候補者のためになるかがはっきりと見えてきます。

いい人財を逃さず「動機づけ」する技術

――内定者フォローの方法

内定辞退者続出の時代

内定者辞退の割合は、自社の採用プロセスの成否を判断する材料です。

就職みらい研究所の就職プロセス調査によると、2023年春卒業予定の就活生のうち、内定を辞退した率は65・8％（2023年3月卒業時）となっています。

65・8％ということは、実に内定取得者の6割以上が内定辞退を会社側に申し出た経験があることを表しています。必ずしも一致するわけではありませんが、1つの会社に当てはめると、10人に内定を出した場合、4人は内定承諾したものの、6人からは内定を辞退されるという単純計算となります。

会社によっても異なりますが、10人に内定を出して10人から辞退されるということも珍しくありません。

自社が採用したいという候補者は、複数企業から内定が出ていることが多いものです。ただし、最終的には1社にしか就職しません。たとえば2社を選択する際に、両方とも選びたくても選べないのが就職活動です。最後には決断をしなければなりません。

内定者フォローは延長戦

決断を促すために、内定者フォローを行ないます。しかし、**公式の選考プロセスのなかで、動機形成を終えておくのが基本**と思ってください。

これまでの【集める → 見極める → 動機づける】というプロセスのなかで、動機ができ上がる設計をしておくことが基本です。

そして、あるべき姿は、最終選考のときに、「他社はすべて断ってきたので、御社に入社させてください」と候補者に言ってもらうことです。

ただし、選考プロセスのなかだけで決断できないケースはあります。延長戦が必要なことは致し方ない部分もあります。

この場合、**選考とは別に非公式の場を設け、動機形成を高める機会を設定する「内定者フォロー」が必要**になります。具体的には食事会や懇親会を開いたり、社員が集まるイベントに招待して、会社の雰囲気を見てもらったりなどして、工夫している企業が多くあります。

他社が内定者フォローをしていなかった時代は、こういったイベント自体が動機形成を高めていましたが、今はどの企業も力を入れています。

では、このような現状において、具体的にどのように内定者フォローをすれば、内定を承諾してもらえるのでしょうか？

内定者フォローの目的とスタンス

まず基本的なスタンスは、内定者フォローは「内定者の意思決定を手助けする」です。

営業と同じで、一方的な「売り込み」ではなく、内定者の今後の人生を考えたうえで、最適解を一緒に考えていくという姿勢が大切です。

そのためには、内定者をちゃんと知ることが欠かせません。

売れる営業パーソンは、お客様の「あるべき姿」「現状」「期限」をあらゆる角度からヒアリングします。そして、認識を揃えたうえで、最良の解決策を提示します。

一方、売れない営業パーソンは、お客様の「あるべき姿」「現状」「期限」のすべてかいずれかをヒアリングできていません。そして、言語化できていないにもかかわらず提案するので、売れるはずがありません。

お客様が何を求めているか？　困っていることは何か？

その課題（ニーズ）に対して、解決策を提示し、価値があると認められれば、正当な対価をいただく。これが営業活動であり、企業活動です。

採用活動もこれと同じです。

さらに言えば、採用活動とは、候補者の人生の目的を知ったうえで、自社に入社することで得られる価値を伝える活動です。

選考プロセスのなかで得た内定者の人生の目的を再確認し、自社に入社することでそれが実現できる可能性を伝えることが、内定者フォローの基本スタンスです。

内定者自身の頭の中を一緒になって整理し、大事な進路を決める手助けをするという姿勢をしっかりと持つことが重要です。

内定者フォローの3つのポイント

では、この基本的なスタンスを踏まえたうえで、どう内定者フォローを実施するのか。3ステップに分けて、解説していきます。

【ポイント1】共通項のある先輩社員との面談をセッティングする

内定者フォローの目的は、選考プロセスのなかで、確認できなかったことや、今の時点で就職先を決めるうえで悩んでいるネックを情報収集することです。

そのために、内定者と何らかの共通項がある社員との面談をセッティングします。共通項とは、出身地、大学、部活動などです。これらの共通項があればあるほど、内定者が本音を言いやすくなります。

内定者が、金融機関と当社とで悩んでいるとしたら、金融機関で働いた経験のある社員をセッティングします。金融機関と当社の両方の内定を受けて、最終的に当社を選んだ社員でももちろんOKです。

Uターン就職しようか、Iターン就職しようか悩んでいる候補者なら、同じ悩みを抱えた経験のある社員をアサインします。

このように相手に合わせて共通項のある社員をセッティングしていきます。

【ポイント2】面談では情報収集と情報提供をする

面談では、次の3つのことを押さえて実施します。

①評価に影響を与えない「インフォーマル」の場であることを説明

内定者フォローの場は、「面接」でなく、「面談」です。

採用活動における「面接」とは、企業が応募者の見極めを行なう場という意味合いで使います。応募者にとっては企業に自分自身を理解してもらい、職務に対する意欲や能力などをアピールする場です。

一方、「面談」とは、企業と候補者が対等な関係で相互理解を深めるために設けられた場です。候補者の人生設計を確認したり、自社に入社した場合の条件などを話したり、確認する場です。

あくまでも、この場は「面談」であり、評価にはいっさい影響を与えないインフォーマルな場であるということをはっきりと説明して、相手が話しやすい場を整えることが大切です。そのため、話しやすい場の演出も重要ですので、場所はカフェ等が望ましいのです。

②内定者のボトルネックを確認したうえで、自己開示をする

現時点での他社選考状況、どんなことを軸にして企業選びをしているか、また悩んでいることがあるなら、どんな悩みがあるのか、確認していきます。

「インフォーマルな場」であり、「意思決定を手助けしたい」というスタンスを伝えれば、内定者は本音を教えてくれます。

自社を最終的に選んでもらいたいですが、そのためにボトルネックとなっていることを確実に確認していきます。

内定者が話すことにはペーシングしていきます。「その考え方はおかしいよ」「こういう考え方を持つべき」と言いたくなる場面もあるかもしれません。

しかし、それは信頼関係ができ上がってからのこと。まだ関係構築ができていない段階では、「確かにそうだよね」「その気持ちわかるよ」と相手にペースを合わせていきます。そうすることで、本音を言いやすい場ができます。

ペーシングと同時に行なうのが「自己開示」です。

・あなたと同様に自身も会社選びに悩んだ経験があること。
・最終的に当社を選んだ理由は何だったか。
・当社を選んでよかったと思えること。

を伝えていきます。あくまでも「自分の場合はね」というスタンスで話します。「あなたと私は別かもしれないけど、あなた同じ共通項を持った私は、こういう理由で入社を決めたし、その決断は間違っていなかったと思っている」と伝えます。

気をつけるべきなのは、熱くなって、クロージングしてしまうことです。

タイミングによって「今だ」と思えば、クロージングしてもいいですが、あまり焦らず、まずは情報収集と情報提供に徹してください。

内定者とペースを合わせながら、内定者にとってクロージングすべきタイミングを見誤らないように気をつけたいところです。企業選択において、「最良の相談相手」として位置づけられるよう、まずは、信頼関係を形成しましょう。

③定期的に内定者と軽い接触をする

直接会う以外にも、定期的な接触を重ねていくことも重要です。これは、採用担当者の役割です。ペースとしては週1回程度。

刻一刻と候補者の心境は変化していきます。他社の選考状況も進捗があります。しばらく放置をしておくと、連絡すら取れなくなる危険性もあります。

週に一度は、できるだけ決まった曜日、時間に電話をしてみてください。定例にすることで、気にかけてもらえている印象を持ってもらうことができます。1回の電話時間の目安は5分以内。2、3分でもいいです。回数を重ねていくことで、単純接触効果として好意を持つようになっていきます。

また、定例のコンタクトに加えて、必ず連絡を取るべきタイミングがあります。

それは、他社選考日の翌日です。心境の変化が生じやすいタイミングが他社選考日ですから、そのタイミングは押さえておく必要があります。他社の選考スケジュールは、これまでの接触ができていれば、たいてい教えてくれますので、遠慮せずに確認してください。

【ポイント3】社長や幹部によるクロージング

然るべくタイミングでクロージングをします。これまでの公式、非公式のやりとりを振り返り、クロージングを図る段階です。

誰がやるかも重要です。会社規模にもよりますが、中小企業であれば社長です。誰が発する言葉かが重要だからです。社長が発する言葉と一般社員が発する言葉は重みが違います。

クロージングでは、次のようなことを候補者に伝えるといいでしょう。

①評価しているポイント、入社後に期待しているポイントを伝える

選考を通じて、評価しているポイント、入社後に期待しているポイントを伝えます。人には承認欲求があります。承認されている場に身を置きたいと考える傾向にありますので、これまでの選考を通じて「あなたの◯◯なところを評価している」「あなたのような人財は実際に入社して活躍する可能性が高い」ということを伝えます。

②採用したい理由を伝える

なぜ当社があなたを採用したいと考えているかを伝えます。

この理由が具体的であればあるほど、内定者の心に届きます。「自分のことをわかってくれている」「そのうえで、真摯にオファーしてくれている」と思うものです。

案外、「あなたに入社してほしいんだ」というメッセージをはっきり伝えていないことが内定承諾率の低い原因かもしれません。相手を動かすのは、最終的には情熱です。相手の目を見て、熱く話すことが重要です。

③育成方針やキャリアイメージを伝える

内定者に合わせて、育成方針やキャリアイメージを伝えることもとても有効です。「あなたにはぜひ当社で活躍していただきたいので、1年目には～、2年目には～、3年目には～という育成プランを考えています」と。

ここで重要なのは、実際に「そこまで考えてくれているのか」というレベルで考えることです。最終的に、そこはテクニックではなく、相手のことを真剣に考えているかどうかの姿勢が表れます。

④自社を選ぶ理由を伝える

それでも悩んでいるとしたら、自社を選ぶべきであることを伝えます。

選社基準は、簡単に持つことが難しいものです。ましてや、働いた経験のない学生ならなおのことです。社会の先輩として、あくまでも客観的に冷静に話をするといいでしょう。

ただし、場合によっては、他社を勧めることも必要な場合があります。価値観、志向性が最終的に合わない場合には、率直に伝えて、相手の背中を押すことも必要でしょう。

それくらい本気で相手のことを考えているからこそ、相手の心を捉えるクロージングができるのです。

以上が、内定者フォローをするうえで押さえるべきポイントです。

繰り返しますが、採用活動とは、候補者の人生の目的を知ったうえで、自社に入社することで得られる価値を伝える活動です。そして、候補者である相手が、この会社で働くことで得られる価値を十分に理解し、納得して決断する。それをサポートすることが内定者フォローです。

採用活動に行き詰まったら……
――候補者からひも解いて、採用活動を再構築

問題解決の3つのステップ

これまでのことを踏まえ、採用活動に取り組んだとしても、初めから狙ったとおりの成果を出せないこともあります。むしろ、そのほうが普通だと思ったほうがいいでしょう。

うまくいっていないときは、一度冷静になって、

(1)問題がどこにあるか(WHERE)
(2)その問題の原因は何か(WHY)

（3）ではどうすればいいいか（HOW）

の3ステップで考えてみましょう。

これは、問題解決にあたっての基本3ステップです。

採用にかかわらず、私はあらゆる問題解決において、このステップで考えるようにしています。

（1）「そもそも、どこが問題なのか」と問題を特定し、

（2）「その問題が起きている原因は何か」と原因の深掘りをし、根本原因を突き止め、

（3）「どう対処したらよいのか」と打ち手を考える

問題を特定する

まずは、「問題がどこにあるか」と問題を特定することからです。

あるべき姿と現状とのギャップが問題です。

つまり、問題を特定するにしても、「あるべき姿」があらかじめ設定されている必要があります。そして、「現状」を正しく把握する必要があります。

ここで活用するのが、「採用パイプライン」です。採用パイプラインを設計していれば、採用ステップごとにあるべき姿が設定されているはずです。

（例）採用パイプライン（あるべき姿）

◎内定承諾「10」人

→40％

◎内定通知「25」人

→83・3％

◎最終面接「30」人

→50％

◎適性検査「60」人

→50％

◎個人面接「120」人

→33・3%

◎集合面接「360」人

→80%

◎説明会参加「450」人

→90%

◎応募「500」人

そして、採用活動を行ないながら、リアルタイムに現状を反映させていきます。

そうすると、あるべき姿 − 現状＝ギャップ（問題）として、問題を特定させることができます。

「もともと、4月15日までに500人の応募を集める予定だったけど、4月1日時点で400人しか集まっていない。このペースだと450人に着地しそう」ならば、50がギャップであり、問題だということです。

このように、問題は定量化（数値化）して設定するのが肝です。定性表現（例：少ない、低い）だと、主観が混じるため、頭を整理することが困難になります。

他にも、説明会参加は450人できたものの、集合面接実施数が300人となり、あるべき姿の360人とギャップが生じている場合は、歩留まりに問題があります。あるべき姿を80%（360／450人）としていましたが、現状は66・6%（300／450人）なわけですので、13・4ポイントがギャップであり、問題だということになります。

候補者を主語にして議論する

問題が特定できました。この次に気をつけたいのは、「どうしたら応募数が増えるか？」「どうしたら歩留まりが改善するのか？」といったように、「候補者を数字でしか捉えない」ことです。これはとても重要なポイントです。

採用パイプラインを使って、問題を特定するのは数字が拠り所になります。

しかし、**原因を深掘りし、根本原因を突き止めるにあたって、一番意識してほしい**

ことは、「候補者視点で考え抜く」ということです。

ここで、採用CXの観点を入れて考え抜くことが改善を考える際には肝になってきます。

◆あるべき姿「そのとき候補者にどう思っていただきたかった？」

◆現状「実際にどう思われた？」

◆原因「どうして？」

◆対策「ではこうしよう！」

というイメージです。

数字だけの議論をしている限り、表面的な議論に終始し、解決に導くことはできません。そのために、実際の候補者を取り上げて議論するのです。

「●▲さんは、どう思ってもらえていれば、次のステップに進んでもらえたのだろうか？」

このように、主語を候補者にして議論することで解決策が見えてきます。

採用活動がスタートしたあとは、主語を候補者にしてどれだけ考え続けてきたかが、結果を左右します。

応募数に問題があるならば、「うちの会社は、どんな人にとって、どんな価値があるんだろう」、歩留まりに問題があるならば、「●▲さんが、最適な選択をするにはどんな体験をしてもらえばいいだろう」といったように。

あなたの会社に「価値がある」と感じてくれる人は必ずいます。

もし、まだうまくいっていないとしたら、「候補者視点で考え抜く」ことが不十分なだけです。「いい人財を採用する戦略策定5ステップ」のWHY・WHO・WHAT・WHEN・HOWに立ち返って、候補者視点で整理し直してみてください。もう一度、本書の各ページを読み返しながら、自責で捉え、改善し続けていきましょう。

間違った採用をリカバリーする方法

人間が幸せを実感するとき

幸せの条件は、「成長の実感」です。

他人との比較ではなく、過去の自分と比較して「成長している」と感じることができれば、幸福感を得られるものです。

もうすぐ6歳になる娘は、昨日できなかったことが突然できるようになったりします。新しい言葉を覚えて使えるようになったり、テレビに出ている人の踊りを観て、完コピできていたり。新しいことができるようになった娘は、本当にうれしそうな気持ちを全身で表現します。親としても、そんな子どもの成長を実感できるときほど、幸せを実感することはありません。

以前できなかったことが、少しずつできるようになっている。幸せを感じるときときはそういうときだと思うのです。

また、何らかの目標を設定して、達成しようとするプロセスそのものも幸せです。資格取得でも、マラソン完走でも、貯金でも、ダイエットでも、ゲームのクリアでも、目標に向かって小さくても一歩ずつ前に進んでいるそのプロセスそのものが自己肯定感を高めてくれます。

「日本でいちばん大切にしたい会社」に学ぶ人財採用の目的

「日本でいちばん大切にしたい会社大賞」を受賞する会社はみな、社員の幸せを一番に考える会社です。

たとえば、本書の監修者である坂本光司著『日本でいちばん大切にしたい会社1』でも取り上げられた伊那食品工業のホームページにはこうあります。

経営にとって「本来あるべき姿」とは「社員が幸せになるような会社をつくり、それを通じて社会に貢献する」ことだと思います。そして売り上げも利益もそれを実現するための手段に過ぎないのです。

会社を家庭だと考えれば、分かりやすいかと思います。社員は家族です。食べ物が少なくなったからといって、家族の誰かを追い出して、残りの者で食べるということはありえません。会社も同じです。家族の幸せを願うように、社員の幸せを願う経営が大切なのです。またそう願う事で、会社経営にどんどん好循環が生まれていくのではないでしょうか。

社員の幸せを一番に考えるから、成長を実感できるように教育もしっかりするし、好不況にかかわらず、人財採用をやり続けています。

なぜなら、入社した新入社員が10年経っても20年経っても下っ端であったならば、その会社は社員を幸せにできていないと言えるからです。

企業が人財採用をする目的はここにあります。

自分が成長することはもちろん、誰かを成長させることで人は幸福感を味わえます。部下を持つということは幸福を実感する機会を増やすことになります。

「間違った採用」の定義

間違った採用とは、雇った社員を幸せにできない採用です。

社員が付加価値を生み出さないことは、会社にとってもマイナスですが、その社員にとってもマイナスです。会社にいる限り成長できないのですから、不幸以外のなにものでもないのです。

社員を間違って採用し、不幸にしてしまわないためには、本書で紹介した正しい採用の思考法をベースに、正しい手順で採用活動を行なうことが必要です。

ミスマッチを防ぐ施策

それでも、実際に働いてみて初めてわかることもあります。

正社員の基準に達しているか否かを判断するために、**一定期間を試用期間として契約社員として雇用する**という方法をとっている企業もあるでしょう。

他には選考プロセスにおいて、**インターンシップ（就業体験）を必須とする方法**もあります。

インターンシップと言えば、一般的に就職前の学生を対象として企業が実施するものとして定着していますが、中途採用であっても、1日程度のインターンシップを採用選考のなかで課す企業もあります。

面接の代わりとして、業務を体験してもらうことで、お互いに理解ができ、ミスマッチを防ぐことが可能な取り組みです。

もちろん期間が長いほどミスマッチは防げますが、在職中の社会人の場合はハードルが高くなる面もあります。その場合、時間は終業後や土日などに設定したり、週2日間からの稼動や、在宅勤務などの相談ができる場合もあります。

お見合いではわかりませんし、お付き合いしているだけでもわかりません。一緒に住んでみて、お互いのいいところ、悪いところ、許容できるところ、できないところが見えてきます。インターンシップは、結婚相手としてふさわしいかどうか、同棲してみて判断するようなイメージと捉えればいいでしょう。

間違った採用をしてしまったら

それでも間違った採用をしてしまった場合には、どのようにすべきか。

アマゾン傘下に入っている靴の通販会社ザッポスは、入社後、4週間続く研修プログラムの第2週目を終えた新入社員に対して、2000ドルの「採用辞退ボーナス」を提示します。入社辞退を申し出た社員に対して2000ドルを渡すという提示です。この提示をすることで、自社になじめない新入社員、あるいは、自社に対する思い入れを持たず、ただ「お金のために」働きたいと思っている新入社員をあぶり出すのが狙いです。

これは「リストラ」を意味するものではありません。

「当社で働くことに関して、少しでも疑いや戸惑いがあったとしたら、遠慮なく申し出てほしい。他の仕事を探す間、生活費の足しにできるように2000ドルを差し上げます」という提示です。

「妥協して会社に籍を置くことを許さない」という働く人に対するメッセージとも言えます。

「会社の価値観と合わないが、お金のためには我慢して働くしかない」という妥協は、その人の幸せにはつながらないという考え方と言えるでしょう〈参考：『ザッポスの奇跡〈改訂版〉～アマゾンが屈した史上最強の新経営戦略～』〈石塚しのぶ、廣済堂出版、2010〉〉。

ザッポスのやり方は個性的ですから、導入するかどうかは別ですが、間違った採用をしてしまった場合、基本的にまずはその事実をしっかりと向き合って伝えるべきです。雇った社員を幸せにできないということですから。

しかし、リストラなどは行なってはいけません。

「日本でいちばん大切にしたい会社」は、例外なく、好不況にかかわらず人財確保を大きくぶらさないばかりか、「どんなことがあっても、社員とその家族の命と生活を守る」と公言し、リストラなどは決して行ないません。

間違った採用をしてしまったからといってリストラが許されるなら、いつまで経っても、いい加減な採用活動が改善されることはないでしょう。

だからこそ、**「採用したからには、絶対に幸せにするんだ」**という決意が必要です。その決意がないなら、採用活動はしてはいけません。人を不幸にする会社は、採用活動はしてはいけません。

社員は家族です。家族の一員を迎え入れるには相当の責任が伴います。だからこそ、採用活動は命懸けでやらねばならないのです。

おわりに

ここ数年、日本でも知られるようになったリーダーシップ哲学があります。

「サーバント・リーダーシップ」です。

サーバント・リーダーシップとは、「召し使い」を意味する「サーバント」と、組織を導く「リーダーシップ」という正反対の言葉を結合させたリーダーシップ哲学です。米国のロバート・グリーンリーフ（1904～1990）により1970年に提唱され、日本では数年前からメディアで取り上げられることが増え、知られるようになってきました。

サーバント・リーダーシップでは、「リーダーである人は、まず相手に奉仕し、その後、相手を導くものである」と言います。つまり、部下に対して明確なミッションやビジョンを示し、それを遂行するメンバーに奉仕するリーダーシップと定義されています。

「支配ではなく、奉仕・支援という姿勢でリーダーシップせよ」と捉えればいいでしょう。

私は企業の現場に入り、目標を絶対達成させるコンサルタントです。現場に入ると、実にさまざまな方々を対象に指導しますので、サーバント・リーダーシップについて、こう思ってしまいます。

「エンゲージメントレベル（熱意）の高い部下ならいいが、そうでなく、やるべきことすらやらない部下に、このような姿勢で臨むと逆効果なだけではないか」と。

米国の調査会社ギャラップによると、エンゲージメント（熱意）の高い社員は、米国の32％に対して、日本企業は6％しかいないという結果が出ています。日本企業における「モチベーションの低い社員」は70％に達すると言われ、今や重要な経営課題に発展しています。

しかし、現在の風潮は明らかに、「リーダーである人は、まず相手に奉仕し、その後、相手を導くものである」という方向です。

だからこそ、ますます、「誰をバスに乗せるのか」が大事な時代になってきたのではないかと考えています。

そして、そんな時代だからこそ、リーダーシップを学ぶ前に、まずは採用について学べ！

そういう想いがあって、本書を執筆いたしました。

私にはもうすぐ6歳の娘がいます。あと十数年もすれば、娘も社会に出て働き始めることでしょう。その頃の日本では、世界では、人々はどんな価値観を持ち、過ごしているでしょうか？

なかなか想像できないものです。

あるべき姿は、働く人が葛藤をしながらも適材適所でイキイキと働いていること。

働くことが好きで、いつまでも働いていたいという価値観を持つ人が大多数ということ。

人生100年時代です。

「働かざるを得ないから働く」ではなく、「働きたいから働く」。

そんな人がもっともっと増える世の中になってほしい――。

嫌いなことをイヤイヤやるほど生産性の低いことはありません。少ない人数で少ない時間で最大のパフォーマンスを上げる方法はたくさんありますが、ベースにあるべきなのは、働く人がその仕事をイキイキとやっていることでしょう。

社員が仕事を楽しんでいる。

事業が社会に貢献している。

あなたの会社がそんな会社であるならば、どうか自信をもって採用活動をしていただきたいと思います。

これからは、そんな会社が事業を発展させていく時代だからです。そして、採用の競争力がある会社になるのは間違いありません。

しかし、採用活動を蔑(ないがし)ろにしている限り、本当の意味で採用の競争力を発揮することはできません。

本書を執筆した目的はそこにあります。

いい会社にもかかわらず、採用がうまくいっていない会社が日本にはたくさんあります。

本書をお読みいただいたあなたには、本書で紹介した採用の考え方をベースに、実践していただけたとしたらうれしい限りです。

将来ある人たちが御社に仲間入りし、さらに御社が成長することこそが社会に貢献することに他なりません。

本書がそのきっかけになれば望外の喜びだと感じます。

個別のご質問、ご相談をいただければ、必ずお時間をお取りし、お話しする機会をつくります。それが私にできる公器の役割だからです。

オンラインで話すだけでも、頭が整理できると思います。X（旧 Twitter）でも、Facebook でも、Mail でも、問い合わせページからでもアクセスしやすい入り口からご相談ください。

あなたの会社がさらにいい会社になることを、ただただ願っています。

採用活動とは、候補者の人生の目的（あるべき姿）を知ったうえで、自社に入社することで得られる価値を伝える活動です。
この採用活動を愚直に取り組もうとしているあなたとお話しできるのを楽しみに、筆を擱きます。

2023年10月

酒井利昌

▼X（旧Twitter）
@saka_toshi3
▼Facebook
https://www.facebook.com/sakai.toshimasa.1
▼Mail
sakait@attax.co.jp
▼お問い合わせページ
https://www.attax.co.jp/sales/contact/
▼採用力強化ページ
https://www.attax.co.jp/sales/service/recruit_kyoka/

【本書の内容をさらに理解するための推薦書籍】

本書と合わせて読んでみてください。わが社が採用コンサルティングをしている会社には、それぞれの会社の課題に合わせ、適時、このような書籍を紹介しています。チーム全員が本を読み、共通言語を持ち、実践する。そうすることで、検証改善サイクルのスピードを上げられます。

『日本でいちばん大切にしたい会社（1）（2）（3）（4）（5）（6）（7）（8）』（坂本光司、あさ出版）

『なぜこの会社に人財が集まるのか——10％の超優良企業だけがやっている〝人を幸せにする〟経営』（坂本光司、ディスカヴァー・トゥエンティワン、2013）

『ビジョナリー・カンパニー2——飛躍の法則』（ジム・コリンズ、日経BP社、2001）

『人に困らない経営〜すごい中小建設会社の理念改革〜』（森本尚孝、あさ出版、201

９）

『介護イノベーション』（森一成、渡邊佑、総合法令出版、２０１９）

『まかせる経営ノルマをなくせば会社は伸びる』（重永忠、ＰＨＰ研究所、２０１５）

『ＷＨＹから始めよ！』（サイモン・シネック、日経ＢＰ社、２０１２）

『企業の「成長の壁」を突破する改革 顧客起点の経営』（西口一希、日経ＢＰ社、２０２２）

『ソニー再生 変革を成し遂げた「異端のリーダーシップ」』（平井一夫、日経ＢＰ社、２０２１）

『世界標準の経営理論』（入山章栄、ダイヤモンド社、２０１９）

『多様性の科学』（マシュー・サイド、ディスカヴァー・トゥエンティワン、２０２１）

『そして、暮らしは共同体になる。』（佐々木俊尚、アノニマ・スタジオ、２０１６）

『映画を早送りで観る人たち』（稲田豊史、光文社、２０２２）

『日本初！　たった1冊で誰とでもうまく付き合える世代論の教科書―「団塊世代」から「さとり世代」まで一気にわかる』（阪本節郎、原田曜平、東洋経済新報社、２０１５）

『Ｚ世代に学ぶ超バズテク図鑑』（原田曜平、ＰＨＰ研究所、２０２２）

『Z世代マーケティング 世界を激変させるニューノーマル』（ジェイソン・ドーシー、デニス・ヴィラ、ハーパーコリンズ・ジャパン、２０２１）

『伝える本。—受け手を動かす言葉の技術。』（山本高史、ダイヤモンド社、２０１０）

『伝え方』（松永光弘、クロスメディア・パブリッシング、２０２３）

『鈴木敏文のCX（顧客体験）入門』（鈴木敏文、勝見明（取材・構成）、プレジデント社、２０２２）

『成功する会社はなぜ「写真」を大事にするのか 一枚の写真が企業の運命を決める』（大谷和利、講談社、２０１２）

『ロジカル・プレゼンテーション』（高田貴久、英治出版、２００４）

『問題解決』（高田貴久、岩澤智之、英治出版、２０１４）

『影響力の武器［第三版］なぜ、人は動かされるのか』（ロバート・B・チャルディーニ、誠信書房、２０１４）

【著者プロフィール】

酒井利昌（さかい・としまさ）

株式会社アタックス・セールス・アソシエイツ 取締役／採用コンサルタント。1981年、愛知県みよし市生まれ。南山大学総合政策学部卒業。学習塾の教室長、人材会社の法人営業担当兼キャリアアドバイザーを経て、株式会社アタックス・セールス・アソシエイツに入社。アタックス入社後は、採用コンサルティング事業を立ち上げ、営業コンサルタントとの二刀流で、年間250回以上の現場支援、研修、セミナーに従事。採用コンサルタントとしては、超売り手市場のなか、これまで携わった会社すべてが短期間で採用目標達成を実現。支援してきた職種は、営業、SE、施工管理、警備員、建築・土木関連職、物流管理、製造現場職人、デザイナー、清掃、配送、機械メンテナンス、店舗接客、事務職など多岐に及ぶ。採用できない会社が自力で採用できる会社へと変わっていることから、これからも「強くて愛される会社を一社でも多く世に生み出す」「絶対達成する会社を一社でも増やす」ために、人財の採用から育成、戦力化までを一貫して担うコンサルタントとして、全国の会社に伴走し続けていく。

【監修者プロフィール】

坂本光司（さかもと・こうじ）

経営学者・元法政大学大学院教授・人を大切にする経営学会会長。徳島大学客員教授。1947年静岡県生まれ。静岡文化芸術大学文化政策学部・同大学院教授、法政大学大学院政策創造研究科教授、法政大学大学院静岡サテライトキャンパス長等を歴任。他に、「日本でいちばん大切にしたい会社」大賞実行副委員等、国・県・市町村の公務も多数務める。専門は、中小企業経営論、地域経済論、地域産業論。これまでに8000社以上の企業等を訪問し、調査・アドバイスを行なう。著書にベストセラー『日本でいちばん大切にしたい会社（1）（2）（3）（4）（5）（6）（7）（8）』（あさ出版）など多数。アタックスグループ顧問。

増補改訂版
いい人財が集まる会社の
採用の思考法

2023年10月20日　初版発行
2024年 9 月24日　2刷発行

著　者　酒井利昌
監修者　坂本光司
発行者　太田　宏
発行所　フォレスト出版株式会社
〒162-0824 東京都新宿区揚場町 2-18　白宝ビル 7F
電話　03-5229-5750（営業）
　　　03-5229-5757（編集）
URL　http://www.forestpub.co.jp

印刷・製本　萩原印刷株式会社

ISBN978-4-86680-246-6　Printed in Japan

増補改訂版
いい人財が集まる会社の採用の思考法

「採用パイプライン」管理シート

（Excel ファイル）

著者・酒井利昌さんより

本書でもご紹介した、採用計画の策定に役立つ「採用パイプライン」管理シートを、特別プレゼントとしてご用意しました。Excel ファイルとなっています。ぜひダウンロードして、いい人財を集めるために、御社の採用活動にお役立てください。

特別プレゼントはこちらから無料ダウンロードできます↓

https://frstp.jp/saiyo2

※特別プレゼントは Web 上で公開するものであり、小冊子・DVD などをお送りするものではありません。

※上記無料プレゼントのご提供は予告なく終了となる場合がございます。あらかじめご了承ください。